『不管教』是更好的管教

[美] 杰西卡·莱西
Jessica Lahey 著

尧俊芳 译

The Gift of Failure

北京联合出版公司
Beijing United Publishing Co.,Ltd.

图书在版编目（CIP）数据

"不管教"是更好的管教 / (美) 杰西卡·莱西著 ; 尧俊芳译.
-- 北京 : 北京联合出版公司, 2018.5
ISBN 978-7-5596-1604-3

Ⅰ. ①不… Ⅱ. ①杰… ②尧… Ⅲ. ①儿童教育—家庭教育 Ⅳ. ①G782
中国版本图书馆CIP数据核字(2018)第013829号

The Gift of Failure Copyright © 2015 by Jessica Lahey
This edition arranged with DeFiore and Company Literary Management, Inc.
through Andrew Nurnberg Associates International Limited

北京市版权局著作权合同登记号：图字01-2018-0726号

"不管教"是更好的管教

The Gift of Failure

著　　者：［美］杰西卡·莱西
译　　者：尧俊芳
责任编辑：喻　静
特约策划：尧俊芳
封面设计：弥　月
装帧设计：季　群

北京联合出版公司出版
（北京市西城区德外大街83号楼9层　100088）
北京联合天畅发行公司发行
北京中科印刷有限公司印刷　新华书店经销
字数180千字　710毫米×1000毫米　1/16　16印张
2018年5月第1版　2018年5月第1次印刷
ISBN 978-7-5596-1604-3
定价：38.00元

序言

　　成为妈妈的那一年，我也是一名中学老师。妈妈和老师的双重身份，让我在教养孩子和教育学生方面，有了更全面的认识。

　　十年过去了，我养育了两个男孩，教了几百名学生。然而，在很长一段时间里，对于教养孩子这件事，我却充满了不安。我的不安，来自于我看到太多父母，在用自己的爱，亲手毁掉孩子。

　　因为爱孩子，每个父母都在竭尽全力为孩子多做点：多给孩子报点兴趣班，多夸夸孩子，多替孩子承担成绩和奖项之外的事。而多做这一切的背后，是每个父母对孩子的期待，期待用自己的付出换来孩子最接近成功的那条路。

　　然而，我却看到这些"以爱为名"的行为并未带来父母们期待的结果。越来越多兴趣班的孩子对什么都没了兴趣；那些在父母眼中"你是最棒的"的孩子发现自己到了学校并不是最棒的而频频受挫；台上自信满满演奏钢琴的孩子，下了台却因为解不开一根鞋带气愤地说自己没用；学校每个科目都是 A⁺ 的优等生在处理同学关系上却不及一个 5 岁的幼儿。

这些在父母精心安排和过度保护下的孩子，正在丧失真正掌控未来的能力。孩子现在是孩子，但最终要成为大人，他们未来所必须具备的每一项技能，都需要在儿时提前修炼。而过度的管教，剥夺了孩子的修炼机会，让孩子和这些掌控未来的关键素质无缘。我们今天为孩子做得越多，孩子在未来也就会过得越难。

人都是愿意做自己内心渴望的事情，孩子更是这样。当父母精心给孩子安排各种"兴趣"的时候，孩子就会慢慢抑制自己内心的渴望，感受不到自我的内在动力，长大后变成一个只会遵从别人想法的存在。没有机会去做那些大人看来毫无价值的琐事，孩子就不会明白什么是一个人需要承担的责任和义务。孩子的自尊、自信，需要不断地感受自己"能行"的胜任感才会获得。

身为父母和老师，我们知道未来需要一个什么样的合格成年人，但也很难在这样一个竞争激烈的世界做到不焦虑、不超前准备、不过度用力。但教养孩子的神奇之处就在于此，一分耕耘一分收获的理论在这里行不通，并非为孩子做得越多，收获就越喜人。过度管教反而会让我们迷失，会让孩子迷失。

　　不管教对这个时代的孩子来说是更好的管教。这是一种教养观念的转变，做父母要放轻松，把眼光放长远。我们不做事无巨细的超人父母，并不代表就放任孩子不管，而是懂得什么时候后退，什么时候放手，给孩子足够的成长空间，启发孩子的内在动力和自主性，让他们在不断尝试中体验责任感和胜任感，从而积淀未来闯荡世界的能力。

　　"因为爱，所以我要为孩子多做点"，这是为人父母的本能，但因为爱而选择适时退后，则是身为父母的一种智慧。

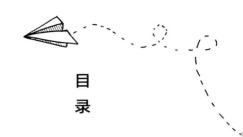

目
录

第 2 部分

第1部分

"对于家长和孩子来说，最伤害彼此的唯有两件事——生活的太近和保持距离太久。"

——美国作家和革命者托马斯·潘恩

the gift
of failure **"不管教"**
是更好的管教

第1章

最好的父母&最好的管教

　　小时候，我对《草原小屋》这本书几乎达到了痴迷的程度。我梦想着能住在梅溪岸上那个在草皮下面挖出的洞穴里，或者住在大森林的小木屋里。在那里，有英格尔斯老爸和老妈严格而又慈爱的教导。我想做劳拉那样的女孩，可以在充满惊险和刺激的环境里洒脱地漫步，像她那样自由地穿过草原，而且回到家的时候，父母不会用充满担忧和恐惧的表情欢迎她，反而对她的"历险记"饶有兴趣，还会给予富有远见的教导。

　　这种对"不用时刻受到父母监视"的憧憬，一直陪伴我到长大成人、结婚生子。直到我自己的孩子出生后，我迫不及待地想要实践这种梦幻般的教养规则，我想尽自己最大的努力，做我儿子们的"英格尔斯老妈"——只设定清晰的界限和明确的目标，之后，就开明地"袖手旁观"，把自主权充分交给孩子。

"对于家长和孩子来说，最伤害彼此的唯有两件事——生活得太近和保持距离太久。"

——美国作家和革命者托马斯·潘恩

然而，当孩子的教养开始出现各种问题时，当各种管教方法蜂拥而至时，我对自己之前所坚信的教养规则产生了疑虑。我究竟应该做个怎样的妈妈？今天我还是儿子的朋友，是让他感到自在，并给予他莫大尊重的"英格尔斯老妈"，从不粗声大气，只会以他喜欢的方式徐徐引导；而明天，我就摆出了一副颇具权威的成年人架势，不管他愿意不愿意，也由不得他讨价还价，只会简单粗暴地告诉他这是为了他好，所以必须得听我的。

我自己被这善变的教养规则弄糊涂了，儿子就更不必说了。但这真的怪我吗？我想，即便是聪明开通的英格尔斯老爸老妈本人，如果把他们放在今天，面对花样百出的教养理念，也一定会变得摇摆不定、手足无措。想要在眼花缭乱的教养大全中找到一个适合自己孩子的教养法，任谁也无法保持淡定从容的姿态。当你真正成为一名家长，才会明白这种眩晕感因何而来，我们又为什么会深陷其中，难以自拔。

"好父母"的标签

管教孩子这件事,并不是一直都像今天这样令人困惑。在过去,抚养孩子的需求构成比较简单。即便是在最富有、健康条件最好的社区，家长最先考虑的也只是基本的需求，比如吃、住、安全饮用水，至于孩子的教育、社交生活、情感健康等问题，并不在家长的考虑之列。那时候的家长，更信奉应该早早地把孩子推出家门，让他们独立。孩子们也都很年轻便结婚了，然后很快又有自己的孩子。他们的青春期还来不及叛逆，就已经被各种农活、家务或者经营生意填满了。因此对于那个年代的家长来说，最迫切要教给孩子的是生存的技能，而且必须从孩子还很小的时候就开始。

时代在更替，随着社会环境和经济条件的改变，每个家庭出生孩子的数量逐渐减少。于是，孩子成为家长们生活的中心，养育孩子的目标也不再只是为了养大就行，更附加了其他的期待。对于妈妈们而言，这种变化来得尤其明显。由于育儿观的变化，妈妈们的责任不再只是让孩子吃饱穿暖，而是向着全能妈妈的目标一路挺进。妈妈们希望自己身兼医生、理疗师、老师等多项职能，当然，孩子们物质上的需求仍是妈妈的责任，而在此基础上，关照孩子复杂多变的情绪需求，则成了妈妈们生活的全新重心。

《亲子杂志》网站上有个置顶热帖，其中集中讨论了目前抚育孩子中最常见的问题。从下面的留言中可以看出，家长们经常会因为一些细枝末节的小问题而忧心忡忡，比如："如果孩子一哭我就把他抱起来，这样我会不会把孩子宠坏了？""我的孩子从小就把尿，会不会造成弗洛伊德说的'不恰当的如厕训练可能会导致神经症'？""今天我的孩子被别的孩子打了，我没有出手，会不会造成他成年有心理问题？""每天要给孩子多少拥抱，孩子才不会发展成不良性少年犯？""我的孩子达到动作发展指标的速度总是比别的孩子慢半拍，我是不是哪里没有做好，应该注意了？"

这些林林总总的问题，恰好暴露出了现代父母在育儿中处于焦虑状态的根源——当我们纠结于吹毛求疵的所谓"正确答案"时，当我们在教养过程中畏手畏脚时，我们的心中只有一个念头："我怎么才能让我的孩子比别人更出色，这样我就能证明，与别的家长相比，我是一个更优秀的家长。"

追求"好家长"标签的背后，是我们身为家长的焦虑和不安全感。

对大多数人来说，我们会在自我感觉良好的时刻，找到属于自己的安全感。而在教养方面，以我为例，当我的孩子吃得好、穿得暖、健康与安全万无一失时，我就会自我感觉良好；当我将孩子从绝望中解救出来，并由此证明我有多爱他们时，我感觉自己就是一个 A$^+$ 级的家长；当我去图书馆挑出了一本我认为儿子会喜欢的书时；或者当我在儿子足球赛开始前的最后一秒，神兵天降一般带来了他的护口器，让他得以上场踢球时，这些时刻，我都会确确实实地感到耳边响起了这样的声音："是的，您真是一个好家长。"

在这样的氛围下，大概从孩子出生那一刻起，我们就已经计划好，要在管教孩子的问题上倾尽自己的所有。我们时刻准备展现自己的智慧和迅猛身手，把一切对孩子成长有所威胁的因素全都排除出去。而拼尽全力的目标，只是为了孩子能拿到符合这个时代优秀标签的成绩。在这个目标的感召下，无数父母把"上班辛苦工作，下班后还要辛苦陪孩子奔走在各个培训班之间"作为生活的常态。我们甘愿付出，也甘愿牺牲，因为我们坚信，只有这样才能让孩子在未来的战场上占得一席之地。

然而，这场让我们倾尽所有的管教，并不是孩子主动要求的，完全来自家长自身的焦虑和不安全感。

我们在恐惧什么？我们恐惧的，是自己一时疏忽，从而影响了孩子的人生。如果因为我们教育得不好，孩子处处落后于人，可怎么办？如果因为我们教育得不好，孩子无法跻身优秀的人群，又该怎么办？

恐惧灌溉之下，焦虑在心中疯长，于是，各种"过度教养"的行为便司空见惯。相信你也曾这么以为过吧，认为只要替孩子铲除成长道路上的所有荆棘，孩子就一定能踏上我们期待的成长之路。然而，事实总和我们期待的背道而驰，我们确实通过自己费尽心思甚至威逼利诱，帮助孩子创造出了各种短期成功，可那只是暂时的假象。我们自以为孩子走上了正途，实际上他们却和自己该走的路线越来越远。

我们必须承认，尽管全天下的父母都在尽心竭力管教孩子，然而我们并不知道，什么样的管教行为，才能真正有助于孩子的长期成功而非昙花一现，才能有助于孩子收获技能、正确的价值观和美德，并以此为基础，成长为一个有能力的成年人。

第2章
"不管教"，更好的管教

玛丽安娜的故事

有位妈妈与我认识多年，她的三个孩子都是我的学生，我们应该算是无话不谈的好朋友了。她是一位非常尽职的妈妈，孩子的所有事情都要亲力亲为。对于她三个孩子的优点和缺点，我都是毫无保留地如实相告。但是有一天，她问了一个让我不知该如何回答的问题。

"我对玛丽安娜的学习很上心，虽然她在我的督促下还在努力学，但似乎对学习没有真正的兴趣，究竟是哪里出了问题？"

　　没错，她说的问题其实我早就注意到了，可是该如何回答这个问题，我一直犹豫不决。一方面出于为孩子考虑，我认为自己必须说出真实的想法；另一方面，我又不确定我说出的真相，是否能被这位深爱孩子的母亲所接受。

　　我想说出的真相就是：孩子们在这位母亲的尽心督促下，已经失去了天生的好奇心和学习的兴趣。

　　她的女儿玛丽安娜刚进学校的第一天，父母就告诉她：她的未来是跟智力挂钩的，智力比性格和其他事情都更重要。父母还告诉她，只有得到 A、得到奖状、得到大学录取通知书，人们才会为她自豪。就这样，父母们强行把孩子的学习动力与分数、成绩和奖状锁定在一起，让孩子以为这就是他们学习的唯一动力。别说家长，即使是作为教师，在这样的大环境下，也难免会忽视重要的一点——我们并没有去关心孩子在我们的热忱督促下，是否真的在按照自己的意愿和兴趣去学习。我们只是一味地告诉她：要不惜一切代价去争取高分，去在课外活动中尽量表现完美；并且告诉孩子，当有些事情会破坏"完美"这个标签的时候，那就最好别碰，不要冒险。而当孩子想要尝试新的领域时，我们总是"适时"地出现在她身边，告诉她"按照我们说的去做，你才能成功"。孩子学习的动力被摆到了追求分数、成绩和奖项的圣坛上。

这位母亲对孩子的教育，源于我们常说的爱。因为对孩子的爱，她才会近距离守候，时刻准备用自己的教养理念为孩子规划出一条"成功"之路。

玛丽安娜的妈妈很辛苦，她是典型的陪读型妈妈，孩子每次做家庭作业，她都会陪伴左右。她无时无刻不在竭尽所能地帮助孩子，希望为玛丽安娜安排最好的道路，顺便清除掉那些路障。但是她所做的一切，也许正摧毁着孩子在未来赢得成功的基础。

我能理解这位妈妈，因为她很像我，或许，也很像你。也正因此，我太知道向她讲明真相是多么艰难，她很可能会害怕、会生气、会抵触。而这对于我而言也是困难的，因为这意味着我不得不承认，在抚养孩子的过程，犯过和她同样的错误。但越是困难，则越是契机，这或许正是我跟她分享真理最合适的时刻，因为我已经明白了自己迷失在哪里，而她还没能看清。只有我们共同面对真相，才能携起手来，一起帮助我们的孩子重拾他们求知的勇气和激情，发掘出他们未来作为一名能自立、有担当的成年人所必须具备的能力。运气好的话，他们会在回首童年的时候对我们心存感恩，不仅仅感谢我们坚定不移的爱，更感谢我们能够如此睿智，将他们的长远发展利益和情感需求放在了比他们的短期幸福更重要的位置上。我们放手让孩子去体验今天生活的艰难，这样他们就会明白该如何面对明天的崎岖。

　　思索之后，我深吸了一口气，心怀美好的祝愿，把真相说给她听。

不要用训练猴子的方式来管教孩子

　　每一个孩子的人生伊始，心中都是满怀着对探索和创造的渴望。婴儿挣脱妈妈的怀抱迈出自己的第一步，是因为他们内心想要去发现和了解周围的世界。**如果说教育孩子真的有什么窍门的话，那就是保护好孩子的这种内驱力。**然而，可悲的是，很多父母和老师一旦进入教育孩子的阶段，就会把这至关重要的一点忘掉，转而用奖励的方式进行管教。而这种奖励教育法，从本质上和驯兽员训练猴子和海豹的方式并无二致。这个机制在马戏团确实很管用，但是香蕉和鲱鱼，哪怕是 iPad 和比萨等这些诱饵对人类真的不适用。也许你曾目睹过外在奖励短时间内在孩子身上发挥作用，但对于培养孩子长期的学习动力和热情而言，这种教养方法真的是糟糕无比。

　　1949 年，哈罗开始研究"灵长类动物的内驱力"这一课题。他弄来了八只猴子，每只猴子放在一个笼子里，笼子门上有根门闩，然后他在那儿静静地等着这八只猴子会做些什么。没等多久，猴子们开始玩起了门闩，把门闩拉来拉去，直到最后完全打开。这里，猴子打开门闩纯粹是因为好玩和好奇，用哈罗的话说是"打开门闩这个动作是出于内驱力"。只要有内驱力，猴子就会自发地去做这件事。

　　看到这个现象之后，哈罗开始思考，既然有内驱力，再给一些比如葡萄干之类的"外在奖励"，猴子们会不会表现得更好一些。

于是，哈罗进行了第二个阶段的试验。他给其中四只猴子提供了打开门闩的外在奖励——葡萄干。按常理说，这些猴子已经会开门闩了，现在又有外在奖励，应该会更快地打开门闩吧？事实正好相反。得到葡萄干的猴子不是第一时间去打开门闩，而是等吃到葡萄干之后，它们才去开门闩。比起没有外在奖励的情况，它们开门闩的兴致和速度都没那么高了。外在的奖励影响了猴子们的内在动力，让它们完全失去了对游戏（开门闩）本身的兴趣。

人类也是如此，孩子更是如此。当孩子对一件事情本身感兴趣的时候，他们更容易坚持下去。即使中间遇到困难和挑战，或者哪怕一上来就受到了挫折，他们也会坚持不懈，因为他们有着强大的内驱力进行支持。回想一下你家小宝宝刚刚学会探索世界的情景，他是否在客厅地板上努力地爬？是否这么一路爬着去拽小猫的尾巴？或者爬到书架旁边，把底层的书扔得哪儿都是？孩子们总喜欢尝试自己不熟悉的事物。伴随着孩子的成长，作为父母，我们的责任就是保护这份天生的好奇心和探索世界的渴望。不幸的是，我们总在孩子成长的过程中，亲手扼杀这些宝贵的特质，选择用一种短期内有效的外在奖励方式来激励孩子。这种奖励方式，慢慢消磨掉了孩子天生的好奇心和探索欲。用激励猴子的方式来奖励孩子，或者用责备和惩罚来扼杀孩子尝试的机会，都是因为我们不想给孩子试错的机会。在我们的概念里，凡是错误，都要远离。而我们的做法，不仅没有做到尊重孩子，同时也在毁掉孩子内在最关键的生命力——内驱力。

"十元钱的学习劲头" 能持续多久？

很多年前我有个学生，按照她爸爸的话说就是"拼写能力太差"。不管怎么努力，每周十个单词的拼写测试她总是不过关。其他成绩一直都是B，加上糟糕的拼写，最终平均成绩也就能得个B⁻。为此，她的父母非常生气，不过不是对孩子，而是对身为老师的我。他们要求开家长会，邀请很多学校领导来参加。在家长会上，他们一再证明自己的女儿绝不是B⁻一类的学生。比如这位学生的妈妈说，女儿天生拼写能力就差，而且他们也已经很努力，那么作为老师就不应该因拼写因素再给她扣分。这次家长会开了一个半小时，大部分时间这位学生的家长都在指责我不是一个合格的老师，而且指出我的做法伤害了女儿的自尊。因为每周四晚上，女儿都会为第二天到来的听写测试大哭一场。

我尽力跟他们解释，表示理解他们的挫败感，但也请他们先不要看孩子现阶段的分数，而是鼓励孩子去努力，之后他们会发现，得个 B⁻可能是孩子最好的生命体验之一。听完我的话，他们并没有得到安慰。在我表示不会给他们的女儿改成绩之后，他们很生气地走了。当时，我自己情绪上也有点受挫，生怕下一学期我还得继续教他们的女儿。

秋季开学的时候，这个女孩回到学校时却像换了一个人。她浑身透着活力，而且跟我信誓旦旦地保证，说这学期一定能学好。我不知道暑假中发生了什么，但事情好像确实发生了改变。她很努力地准备拼写测试，在第一次测试中就得了满分，并且将满分保持了足足一个月。有一次，我在监督一堂自习课时，批改了她的试卷，并恭喜她又得了满分。我用手指了指回收桶，问她是要把考卷带回去还是扔到回收桶里。她朝我走过来，跟我说："我得把这张试卷拿回去，否则我就拿不到十美元了。"

原来这就是答案，每次考好了，她就能拿到 10 美元。我有点气愤，她的父母居然用钱去激励孩子。因为这些"奖励"，"拼写能力差"的阴影似乎散去了，而孩子看起来也挺高兴的，说起来这简直是人人受益。但是，一个假期过后，她的拼写成绩又下降了。我问她原因，她说她父母还是每次考好了会给她十元钱，但自己对这件事没有之前那么有兴趣了。从那以后，她的拼写再也没考过满分。

问题出在哪儿？如果 10 美元对她的刺激在前一两个月有效，为什么这种奖励在后来不起作用？原因有两个：第一，外在的奖励措施并不会长期见效，因为人类常会把外来的奖励当作一种控制行为，从而破坏了自己的内驱力；第二，**人类更愿意去坚持做一件出于自己意愿和选择的事情，在"我不得不做的事情"和"想做就做什么事情"之间，大多数人会选择后者。**

省省吧，这些都是伤害孩子的行为

心理学家爱德华·德西将哈罗对猴子做的内驱力研究延伸到人类身上。为什么年龄越小的孩子越是充满好奇心，越是渴望探索世界，而随着孩子年龄的增长，这种内驱力往往会消失呢？

他邀请了一些学生来玩索玛拼图游戏（世界上最好的多维数据集拼图游戏），这款游戏很容易吸引玩游戏的人。德西说他每次即使放下游戏，脑子里还是会一直想游戏的内容。他找来两组学生当研究对象：第一组学生，每完成一个拼图就会得到一美元的奖励；第二组学生完成拼图后不会有任何奖励，他们的动力完全取决于自己完成一个拼图的满足感。

学生们玩了一会儿游戏之后，德西给两组学生留了一个八分钟的自主完成任务，然后就离开了实验室。他观察在自主时间里，两组学生的表现有何差异。经观察发现：有奖励的第一组学生开始对拼图游戏丧失兴趣，没有金钱奖励的第二组学生因为发现了拼图本身的乐趣而继续乐在其中。在德西看来，金钱的作用更多的是控制，而不是激励。而控制会带来压力，从而破坏我们的内驱力。

针对这方面进行了更深入的研究之后，德西得出了一个结论：任何被人类视为有控制意图的因素，都会对长期的动力造成伤害，这其中也包括孩子的学习动力。你认为自己在孩子写作业的时候在旁边监督，他就不会心猿意马？你觉得孩子学习没有计划，所以有必要亲自为他制订一个目标？你猜测孩子会不按时完成科学论文初稿，因此想为他定个最后期限？省省吧，这些都是伤害孩子的行为。

我们可以试一试下面的小实验。走进孩子的房间，找他一起玩乐高。如果你按他的玩法来玩，就会玩得很顺。但是，当你试图操控他，要他按你的玩法来玩，那你们很快就会玩不下去。孩子要么会失去兴趣，要么就发脾气。不管哪种情况，这个游戏必定是到此为止了。父母"扼杀"孩子对游戏、话题或实验兴趣的一项绝技，就是把自己的意愿强加给他们。

"不管教"，更好的管教

身为父母的我们，不能贿赂（给钱奖励），不能监督（时时刻刻看着），也不能替孩子去做，那我们能做什么呢？答案就是"后退一步"外加"袖手旁观"。让孩子对自己渴望的事物拥有控制权和自主权，对他们做到"不管教"。

德西在原来的拼图游戏基础上，又做了进一步的实验。他把学生分成两组：一组可以任意选择拼图，而另一组没有任何选择。然后测试两组学生玩游戏最后的状态，结果是：有选择权的那一组玩拼图的持续时间比较长，玩得也更尽兴。

只要你的孩子能够自主做事，即使他还不能完全独立自己做，你也该给他充分的选择权。比如，处在学步期的孩子，明明对自己周围的世界还无法完全掌控，但他们还是什么都想自己来。这个时候，只要给幼儿一定的选择权（比如，今天是穿蓝色的鞋子还是红色的鞋子），就可以在不让孩子感觉混乱的状态下，让孩子体验自主感。

如果你的孩子处于学龄期，你该让他们在学业上自己决定何时、何地、如何完成自己的作业，在生活上诸如交友、家务、运动等方面允许他们自己去选择。不过，家长并非在此过程中什么都不做，而是要提前定好一些必须遵守的规定，比如，"保证要认真完成作业"或者"最晚要在晚上10点之前回家，如果实在回不来，一定要提前打电话"。在表明这些必须遵守的规定之后，就可以让孩子自己去计划和安排了。

在美国，有一种专题研习教学法。专题研习就是由学生提出一个现实问题或疑问，然后再由学生来自行规划出解决问题或回答疑问的方法。在这个过程中，整个专题的研究范围、研究目标和实施步骤都是由学生自己决定的，这样，学生就会感到自己是学习的主人。

别担心孩子会因为权利太多而无法无天，家长的"不管教"，并不是真对孩子撒手不管。**"让孩子自主"与"彻底放弃管教"是两个截然不同的概念**，我们只是放弃原来过度干涉的方法，改变一下策略，给孩子适度自主权，激发孩子的内驱力。

控制是自主的敌人

自主和独立，这两个词表面意思看起来很相似，但从字根上分析，能看出很大不同。独立的反义词是依赖，自主则有更深层的意义。自主来源于希腊文的"auto"和"nomos"，"auto"是自我的意思，而"nomos"则是准则的意思。因此，自主意味着要内化一套行为准则来支持自己的独立生活，对孩子也是如此。自主是建立在"自律"的基础上的。为了帮孩子做到自主，父母必须先帮助孩子梳理出一套可遵循的原则系统，让孩子在有准则指导的前提下，进行创意思考和解决问题。如果父母过度管教，孩子只需要选择遵从还是不遵从我们的命令，就不会再去思考自己为什么要这么做，以及怎么具体实施行动。但是，当我们把"控制范围"缩小，只给他们规定一些基本规则，孩子在自己的世界就会有更多的控制权，他们便能根据准则来做一些自己能决定的事情。这种方法，对孩子和父母来说都是有利的。

当孩子意识到自己对能力范围内的世界有主动权时，他对自己的生活会更加积极主动，同时，也更能体验到责任感。

企图控制孩子，会破坏孩子的自主性，但这并不代表我们不能对孩子提任何要求。事实恰好相反，每个年龄段的孩子都需要家长和老师为他们设定一定的界限，提供指引。没有界限，孩子自己就会先感觉到混乱。比如，在一个班级里，老师如果没有一定的规范能力，不能对学生的品性和行为做出明确的要求，那么这个班级的学生就会表现出焦虑、困扰和不专心。相反，如果老师在学生中建立起对教学过程的尊重态度，明确表述自己对学生的期待，学生就能放松而专注地学习。

很多时候，父母和老师总是试图通过各种奖励和贿赂来控制孩子，比如买礼物、用金钱，或者采取空洞的表扬。就像前面举的例子，那位拼写成绩差的女孩的父母，通过金钱来刺激她学习，像这样用外在奖励的方式，弊端之一就是有效性持续时间短。如果你的目的只是让你的孩子在下周五的代数测试中拿 A，那么你或许可以做到。如果你想让你的孩子对数学产生持久的兴趣，那么你就要反思一下这种方式的可行性了。

　　我必须重申一遍，利用奖励去鼓励某种行为，只能在动物身上很奏效。只要给奖励，动物就可能会一直重复某一个特定行为。然而，正如德西所说，当训练员不喂海豹吃鱼时，海豹还会把球顶在鼻子上吗？当然不会，没有鱼，也就没有了顶球。

　　对于那些简单的、重复性或者无聊的事情来说，奖励确实有一定的效果。一旦涉及创造力和细致的学习，外在奖励的激励作用真的就糟透了，因为这种奖励在本质上就是一种控制手段。

　　控制是自主性的敌人。任何形式的外力控制，不管是威胁、贿赂、谈交换条件、监督、强行制订目标，还是奖励和奉承，都是在破坏孩子的自主性。而这些也是很多父母在教养孩子过程中犯过的错误。

　　我家冰箱上贴了一张家务清单，家务清单的冰箱顶上放着我儿子最爱的一只名为"臭尼尼"的毛绒玩具。这只玩具之所以在冰箱顶上，因为它现在是我的"人质"，而解救这个"人质"的条件，是我儿子必须按照冰箱上的家务清单，把自己的房间打扫干净。我儿子芬尼根因为我的这个行为，几乎要被气炸了。

在情急之下，我一不小心就用了这种"控制"的方法。一旦我开始扣押"人质"，出于对于父母权威的捍卫，我就必须将之死扛到底。教养孩子是件一点都不简单的事情，即使很多家长早就学了很多关于教养的知识，肯定也会有失去理智的时候。无论我们多么大为光火，都要谨记一点：如果要培养孩子长期的学习习惯，那么，任何破坏孩子自主性的行为都是不可行的。

外在奖励激励法还存在着另一个弊端，那就是：束缚了孩子的创造力和探索精神。孩子一旦知道有奖励在等着自己，直接看到了行为的最终结果，谁还会关注什么创造力啊？

举个例子来说，父母事先告诉孩子，如果这次成绩达到 A 就可以得到一个 iPad 作为奖励，那么，他们一定会采取一个最有把握得到 A 的方法，不肯冒任何一点危险尝试新的方法，唯恐失去 iPad。不要说孩子了，即使是成年人也会如此。相反，如果不用 iPad 做"诱饵"，那么，当孩子是出于解决问题和拓展思维的目的去学习，一旦他们得了 A，并且因此收到了 iPad，这种意外的惊喜会让孩子感觉更有成就感，以后学习也会更努力。其实这个道理不难理解，有规律的、预期的奖励，虽然会短期内奏效，但是施行一段时间就慢慢不管用了，反倒是不定期的、时不时出现的奖励会让人有所期待。意外之喜带来的鼓舞，能瞬间激发人的内驱力。一定要谨记，在孩子教养的问题上，外在奖励绝对不能成为常态，否则就和有规律、有预期的方法没有二致。要让孩子在学习中保持自主性，就必须让他们摆脱对外在奖励的依赖。

要让孩子摆脱"成绩好，给奖励"的模式，并不是一时半会儿能做到的，况且我们已经实施了这么久"给钱做事"的教养模式，想让孩子立刻摆脱对奖品的依赖并不容易。曾经那些你用"奖励"实现的结果（比如给 iPad 就乖乖听话），很可能会一同消失不见。在这期间，你和孩子都会有受挫感，但绝不能因此动摇，不然就前功尽弃。如果家里有年龄大一点的孩子，你可以跟孩子沟通，说明以后不会使用这种方式，让孩子有个心理准备。同时，你要承认自己过去的方式有错，这很重要。身为父母，我们需要言传身教，包括面对错误的方法和态度，孩子都会学到。孩子们需要看到自己的父母在犯了错误的时候是怎么处理的，这会让他们有样学样。在这个过程中，父母在不断地学习做更好的父母，孩子也会学习做更好的孩子。因此，父母不但要允许自己犯错，也要允许孩子犯错，这样你和孩子才会一起成长。

对我们来说,在孩子面前承认错误很难。当家里的局面失控时，父母会习惯性地拿起自己的操控权，用"家长的权威"为自己辩解。但是，想让孩子成为知错认错并且能改错的人，我们就要学会把自己的骄傲放在一边，示范如何承认自己的错误，让孩子看到，我们会犯错误，但我们有勇气承认和改正错误。这个体验，才是孩子最应该从我们身上学到的。

"我愿意"的力量远远大于"我服从"

不依赖奖励，我们可以用另一种方式来激励孩子——目标的力量。目标的制订一定要符合孩子内心的意愿，只有为了实现自己期盼的目标，孩子才会有内在动力。

我曾经任职的那所中学，老师每周都会跟学生见面，帮助学生制订各种学习、社交、书法方面的目标。其中，有一个学生跟我说想在新学期改掉自己容易害羞的毛病。当我感觉她有这种内在需求时，我们决定一起制订一些分步计划：经常找老师谈心、向身边的成年人咨询意见、试着多跟同学交往、尝试在公众场合发言等等。通过这些小的计划，这个学生在那个学期进步很大。在社交方面进步的同时，她在学习上也比以前更加主动。

这位学生愿意去努力，因为这个目标是她心中的意愿，是她愿意去实现的目标。她按照自己制订的计划去实现这个目标，而这其中的奖励，就是愿望得到满足后的喜悦感。即使愿望没有实现，她也不会有挫败感，因为她不用向任何人交代，不用为辜负了任何人的期待而内疚，只要对自己坦诚就可以。所以，一旦孩子愿意按照自己的目标去做计划，即使中间会失败，但因为过程中没有那么多监督者，也没有过多的管教，他们会很轻松，即使遭遇挫败也没什么大不了的。这个方法，对容易焦虑、害怕失败的孩子尤其有用。对他们来说，自己默默去制订一个目标，是最私密的方式，也是他们在体验探索、尝试、失败、再尝试的过程中，最能感到安全的所在。

如果想让孩子对目标更有激情，能把短期目标变为长期目标，这个目标就必须是本人真正的意愿，而不是我们家长的意愿。

最近，我的一个朋友说起她儿子拒绝学钢琴的事。之前，她儿子多次跟她说不想上钢琴课，我朋友都没答应。最终，儿子说了一句话，让我的朋友改变了立场。她儿子说："妈妈，我认为弹钢琴是你的梦想，不是我的梦想。"

当然，要让每个目标都真的出于孩子的本意，并不是想象的那么容易。引导孩子设定积极的目标，恰恰是管教里最需要父母扮演的角色。记住，意愿的召唤力量，远远大于父母的各种"监管"。

然而，对于青少年来说，他们对设定目标也许会持反对态度，尤其是那些长期生活在父母"专制"下的孩子，他们已经习惯了由父母安排好一切。最初，我跟我儿子说，以后我"不管"他了，准备让他按照自己的目标来选择，他以为我在开玩笑，甚至还有点生气。别因为孩子的态度而动摇，当我们真正放开手，真的是在引导而不是代替他们设定目标时，孩子对家长们的"一切为了孩子好"这一初衷的信任还是会回来的。

记住，与孩子讨论属于他们的目标时，态度很关键。不能摆出一副商务会议的架势，讨论的时候要放松心态，语气要平和。我和我儿子每次成功的谈话，一般都是在坐车或散步，因为这个时候双方都比较放松，最能敞开心扉地聊起来。青春期的孩子并不总是愿意倾听，一旦他们卸下防备，他们的心里话就会"喷涌而发"。

如果想培养孩子的自主性，父母就要支持孩子自己去设定目标，让孩子体验自己实现目标的感觉。虽然有些目标在我们看来不值一提，但是如果它们重要到足以让孩子说出来，那么就已经意义非凡，并且值得我们尊重和支持。德西将这种教养方式称为"支持自主性教养方式"。

体验中获取的胜任感

夸孩子确实能增强孩子的信心，但如果仅仅是夸奖，是不能培养出孩子的胜任感的。胜任感是什么？胜任感来自自身的能力，并通过实际体验让能力得到确认。如果空有信心，反而会造成灾难。

最近的研究显示，很多家长本着锻炼孩子的目的，让孩子参加一些有冒险性的活动。但是，对那些从来都没有参加过类似活动的孩子来说，风险比较大，因为他们一直处于父母的呵护下。如果在活动中，他们遇到问题时还是依靠父母伸手去帮他们清除障碍、化解危机，那么，这些孩子就没有机会处理活动中的突发事件，也体验不到自己解决问题的能力——胜任感。胜任能力一定是经过亲身体验才能获得的能力，这不仅是一种告诉孩子"自己可以做什么"的主意，而且还是一种处理风险的能力。家长只有不过度管教，并且懂得把可控的风险留给孩子自己去处理，孩子才能学会如何应对风险。在凭自己的力量处理突发事件的过程中，孩子不仅提高了自己的胜任能力，还会更加信任自己、肯定自己，自信也就自然而然地产生了。

不过，获得胜任感并非是没有前提的，下面这个例子讲述的道理就很关键：

邻居的儿子五岁时，就信心满满地认为自己会用爸爸的电钻，但是他的爸爸从来没有让他动过电钻，也没教过他如何使用，所以，他觉得自己会用电钻的想法只是建立在空洞的信心基础上，而不是胜任能力上。有一次，我去他们家拜访。这个小男孩带我去看他爸爸新买的木材分割机，这种机器对一个五岁的孩子来说绝对是危险的。但是，这个孩子抬头看着我，满怀希望地问我（一只手已经放在开关上了）想不想看他怎么开动这台机器。我知道，他很期待我说"是"，这样那个按钮就能被顺势摁下。但是，我拒绝了。因为我知道，他的信心当时带来的只能是危险，因为这不是建立在胜任能力上，一切只不过是因为他对电动工具的热爱。现在，这个孩子已经十二岁了，他爸爸花了很多时间教他如何安全有效地操作电动工具。对电动工具，他现在有了胜任能力，而且可以称得上是一个合格的木匠。此时，他的信心不仅仅是相信自己能操作电动工具，而是经过体验之后学到的真实能力和操作经验，是一种真正的胜任能力。

在实际体验中培养出了胜任能力和胜任感的孩子，会在这个世界上感到更加安全，因为他们不会毫无准备地贸然涉险。所以，为了实现这个目标，家长们一定要注意不要给予孩子过分的夸奖和鼓励。比如，一个孩子刚刚学了几个自由泳动作，你便大肆赞扬他是一个游泳天才，这样做，对孩子来说非常危险。因为你的大肆赞扬，孩子产生了盲目的信心，觉得自己既然是个游泳天才，或许就可以游到深水池去。那么，这个孩子溺水的可能性一定会比那些知道自己能力水平的孩子要大。所以，一定要诚实表扬他们的努力和态度。你要做的，是让孩子体验这种胜任感，从而激发孩子的内驱力。并且，一定要让孩子有时间和有意愿去体验过程，而不只是盯着结果，同时适当放开手脚，鼓励孩子在他们的能力范围内去体验。如果家长只顾眼前，不让孩子有任何闪失，孩子就无法培养值得拥有的成长型心态。

放手让孩子去体验，鼓励孩子培养胜任感。作为父母，要做的是看着你的孩子学会打包自己的午餐，认真倾听孩子讲述他在足球训练中成功进球的过程。哪怕你认为这都没什么大不了的，但是对于孩子来说堪称里程碑。孩子从中得到的那种胜任感，有着超乎想象的激励作用。一旦孩子尝到了成功的滋味，尤其是靠自己的努力和坚持获得的成功，他们就会"上瘾"。这就是胜任能力和胜任感的魅力之处：家长不插手，让孩子有了实现目标的机会。

我亲眼见过习惯了被贿赂和被哄骗的孩子，在偶然尝到了靠自己努力成功后的表情，就像是阳光猛地冲破了云层，周身散发着明亮欢快的光芒。他们整个人都亮了起来，兴奋激动，眉开眼笑。最重要的是，当孩子靠自己的努力成功掌握了某项技能后，他们会进入一种良性循环，今后更乐于通过自己的努力获得成功，如果好好培养，效果就会持续下去。我甚至见过一个经历了多年挫折的人，一度对自己只有消极情绪，当他体验到胜任感的时候，过去的阴影都奇迹般地消失了。他充满动力，眼神中有了明亮的光。

不浮夸，不贿赂，不控制，孩子自然会通过自身的努力获得胜任感。当有一天，你的孩子放学回家，终于靠自己的努力弄懂了一个有挑战性的复杂概念时，他们脸上那种"我会了"的骄傲和喜悦，一定会让你感受到胜任感的奇迹作用。

孩子，也要有存在感

内驱力的最后一个元素，就是存在感。从本质上讲，就是你的孩子能感受到来自父母、老师及这个世界的爱、尊重及接纳。人是社会性动物，我们需要知道自己的行为对别人和这个世界有什么样的意义。同样，孩子也需要在与周围环境的互动中，确认自己的努力是有意义的，自己的行为是有人接纳的。有存在感的孩子，更能激发自己的自主感和胜任感。

什么样的孩子容易获得存在感？事实证明，在家中有充分自主权的孩子，可以获得更强的存在感。家长不过度管教，不控制孩子，孩子会觉得自己得到尊重。因为我们的尊重，他们也会觉得自己可以做得更好，这样孩子反过来也会尊重我们。这种互相尊重的感觉加强了亲子之间的关系，形成良性循环。正是因为我们的"不管教"，孩子的自主感和存在感才能形成良性互动。

在这里，我们有必要了解一些心态的知识。斯坦福大学心理学教授卡罗尔·德韦克提出，人的心态有两种模式：固定型和成长型。拥有固定型心态的人认为：人的智力和才能都是先天决定的，不管后天如何努力，都不会有什么大的改变。而成长型心态的人认为：智力和天赋这些先天资质只不过是人生的一个起点，每个人都可以通过后天的努力，实现才能上更多的突破。成长型心态的人，也正是有内驱力的人，他们会为了一个目标不断努力。相信只要再努把力，就能实现更高、更远的目标。这类人不怕失败，因为他们认为挫折和失败正是通往卓越的必经之路。即使发现了自己的局限性，他们也会努力去寻找突破。德韦克还表明："成功者的特征大多是热爱求知、勇于挑战，他们重视努力的价值，不逃避困难。"因此在德韦克看来，成长型心态构成了一个人不断奋进的内驱力。

这一理论用在教养上就是：要激发孩子的内驱力，培养成长型心态尤其重要。固定型心态的孩子，在遇到自我局限的时候，会觉得自己无法突破，比如在面对学习困难的时候，这样的孩子更容易放弃。相反，成长型心态的孩子有一种不服输的劲儿。即使是第一次不能理解某个概念也不会心灰意冷，因为他们知道，通往成功之路一定不会那么平坦。

不幸的是，很多父母过度管教的教育方式，往往摧毁了成长型心态的形成基础，孩子的内驱力也就无从形成。如果父母什么都帮孩子做，孩子就会认为没有我们的帮忙，自己什么困难都克服不了。在我们"随时伸出援手"去帮他们解决问题的时候，他们的大脑中自然会逐渐形成这样的信息：我自己能力不够。尽管并非出于本意，但我们确实在孩子心里无意识地建立起了这样的固定型心态，这种"帮忙"关系建立的亲子关系表面上其乐融融，给人一种"宠溺"感，实际上传达的是我们对孩子缺乏信心。这种亲子关系既不健康，也并非真正的爱，而是一种控制。

在一个家庭里，唯有健康的亲子关系，才能增强孩子的自我认同感和积极进取的心态。在学校，孩子越是与老师之间沟通得好，在面对学习和情绪问题时，他们越会采取更加积极的处理态度。健康的人际关系，给孩子带来的益处不仅局限于家里和学校，还体现在孩子所能接触到的任何领域。比如，单纯的几何图形是抽象乏味的，但是当它们和高楼、桥梁的结构力量和美感联系在一起时，抽象的几何图形就有了具体的意义。再比如，拉丁语是一个已经死亡的语言，不会让孩子产生任何探索的激情和动力，但是当孩子发现罗马文化和现代语言之间的联系时，则会想去探寻拉丁语的深厚渊源。

因此，要培养孩子健康的存在感，就要让他们看到，在这个世界上，他们不是一个与任何人、任何事都毫不相干的个体；同时要让他们明白，在世界这个巨幅图景中，他们有自己独特的意义；还要让他们相信，在寻找自己在这个世界上的位置的过程中，他们会一直有我们的陪伴和支持。

值得拥有的挫折

一个孩子，既有自主性，又有胜任能力，还有存在感，这听起来确实很美，但是在实践中，当我们真正要做到"不管教"，给予他们充分自主性的时候，会很痛苦，因为这违背了家长的本能反应和当下的管教风潮。眼睁睁地看着孩子犯错，尤其是看到我们的孩子因犯错失败而失落时，身为父母确实很难做到袖手旁观。我经常收到一些家长发来的邮件，内容大抵是自己的孩子不会写作业或者某道题的做法跟我在课堂上讲的不一样这类小问题，然而，他们都说自己对孩子因此有种挫败感。我们都希望自己的孩子一帆风顺，但有趣的是，研究显示，真正的求知和深刻的学习，从来都不是在一帆风顺中做到的。有些小失败，反而能促进情感和认知能力的成长，这就是心理学家伊丽莎白·比约克和罗伯特·比约克所称道的"必要的挫折 / 值得拥有的挫折"。比起那些轻易得来的知识，经历一些困难后收获的知识，能更有效、持久地存储在大脑中。

什么是学习？就是先通过倾听、观察或者体验来获取信息，然后，大脑将这些信息转换成自身能够理解的表述，这个过程也可以叫作编码。一天之中，我们获取的信息成百上千，但我们不一定要将所有这些信息都存入长期记忆中。对于那些我们认为重要的信息，大脑会进行组织、分类、排序，使之成为可以储存并在后期能够取用的资源，这个过程也可以叫作巩固。而最后将这个资源内化的过程，则是检索。最后的检索过程很关键，我们在实际应用的过程中会给这些信息做上标记，以便今后取用。标记就需要检索。而从大脑中检索出来并应用于解决问题，我们就能强化和巩固这个知识。所以，这就是为什么死记硬背和机械教学不可取，因为没有深入的过程，不能形成持久的内化知识。

我们总希望孩子可以对某个领域实现精通，而不是蜻蜓点水。而精通，就意味着能够熟练地在已有知识中进行检索，并结合新的情况进行创造性的理解和运用。要做到精通，孩子需要再现并应用原有的知识，并将这些知识与其他的理论进行关联，然后以自己的方式，向他人展示自己的理解，或者将这些知识在自己的实践中加以应用。只有当你有能力将知识传授给别人时，才能说你真正掌握了这一知识。

孩子的知识来得越容易，在大脑中存储得越不牢固，相反，为了知识付出的努力越多，他们越能强化自己对知识的理解。孩子在学习中，如果总是一帆风顺，没有任何问题，他们就没有机会分析问题、解决问题，也无法在此过程中对自己的知识进行检索、关联、应用，更不能强化自己对知识的理解，展现真正体现人的创造性，至于体会愉悦心灵的满足感，也就无从谈起了。挫折是学习的重要组成部分，父母袒护得越多，孩子在遇到风险时就越会逃避，最终，给他们的学习和个人成长都会带来不利影响。

帮孩子规避困难，不让孩子经历一点挫折，是教养的大敌。

我遇到过很多这样的父母，他们说自己的孩子不能承受任何失败和打击，因为孩子会因此而焦虑不安、一蹶不振。孩子这种表现也会让父母感到焦虑、沮丧，甚至心灰意冷。恕我直言，这并不是解决问题的正确方法。为了让这些父母明白这一点，我建议他们去观察自己的孩子，看看当孩子出于自己的意愿去做一件事情时，是如何表现的，看看在这种情况下，孩子到底有多害怕失败呢。这个时候，他们往往惊讶地发现，那个在写作业时一看到分式方程就抓狂的孩子，在玩《我的世界》(Minecraft) 这款游戏时像变了一个人，会一动不动地玩上三个小时。为了给自己收藏的财宝建立一座完美的宫殿，炫耀自己的建筑才能，哪怕有多少困难他也乐此不疲。看，我们的孩子并没有完全失去面对挫折的能力，他们只是搞错了挫折与奖杯、勋章和获奖证书之间的相对位置。

即便孩子已经对家长的奖励机制形成依赖性，嗜奖成性，以获得赞美为目标，我们仍然有机会教会他们重新找到面对失败的动力，教会他们接通自己内驱力的力量之源。尽管这不是一件容易的事，在从依赖奖励到发掘自我意愿的过渡阶段尤其艰难，但只要我们去努力，就会发现这一切都是值得的。

第3章

少即多

芬尼根的故事

　　我的大儿子在生活中已经能基本独立，到现在，我基本不管他的生活。他会在日历上做好标记，提醒自己要做哪些事；会列出上学之前自己要做的事项清单，提醒自己不要丢三落四；会自己整理升学的各种表格，将需要我阅读签字的表格整理出来拿给我看；会自己订购上学的必备用品，自己收拾为期两周的露营装备；还会在我外出没有接到电话的时候，在吧台上给我留下字条。而我的小儿子，过去也曾习惯我为他代办一切，而在我告诉他可以自主做一些决定的时候，很快地，不用我唠叨，他就开始主动早起收拾好自己，甚至有一天，在把浴巾落在游泳池后学会了吸取教训，开始自己列清单。同时，他还开始自己打扫房间，收拾自己的书桌，计划何时何地完成当天的作业。最让我惊讶的是，当他看到哥哥自己可以洗衣服时，让我也教他使用洗衣机和烘干机。

这种"自食其力"的状态持续了两周后，我的小儿子芬尼根在锻炼自主性和体验胜任感的路上出了一点小状况。一天，随着"砰"的关门声，家里最后走的孩子也去坐校车了。这时，我发现芬尼根的数学和拼写作业正静静地躺在客厅的茶几上。我透过窗户看了看外面的校车站，芬尼根就站在那里，双手在空中比画，好像在跟他的朋友皮尔斯描述什么神秘事件。显然，他完全没有注意到自己落下了什么。我转头看看落在桌上的作业，再转头朝窗外看看儿子，却什么都没做。

接下来，我尽量跟往常一样开始一天的工作。其实，按照日程安排，这一天的晚些时候，我要经过儿子的学校，只要我愿意，完全可以顺便把芬尼根的作业送到他的教室里，甚至可以不让他知道自己落下了作业，偷偷塞进他的书包里。他的作业我看过，完成得很棒。看得出他很用心，书写也非常工整，可是当我从桌上拿起作业，看到上面工整的书写后，又放下了。

　　我承认我是抓狂的，我拿不定主意，于是我打开脸书，发了篇帖子。

　　致那些认为对孩子放手不管教是一件很容易的事的人：我的小儿子把作业本落在了客厅的茶几上，他的作业写得很用心，十分工整。我心里很想把他的作业送到他的学校，因为我知道不送作业的话，我儿子今天的课间休息时间就会用来补作业，这样他会有受挫感，而这一点也让我心里很崩溃。我已经看了那本作业20遍了，其中有一次已经拿起来要塞进包里了，最终我还是放下了。现在作业还在它原来的位置，而且，我想它会一直待在那里，直到我的儿子回家看到它为止。那个时候，他会意识到，他该怎么做才能保证把做好的作业放进书包，并交到老师手里。

　　很快，脸书上就有朋友做出回应。许多人表示大力支持，还有很多"点赞"。但是，有一位朋友表示了强烈的反对。

　　杰西卡，我很敬重你。但是，你说的这件事情我做不到。

每天我都会有忘拿东西的时候，我也曾经不止一次开车将丈夫落在橱柜上的东西送到他的单位。我认为，不管我们多么努力，生活中一时的走神都是难免的，何况孩子学习压力大，这种情况更是在所难免。如果我的孩子按时完成了作业，还写得那么用心，我会非常高兴，所以我一定会把作业给孩子送到学校去，除非我真的送不了。

整个早上，我都在想这位朋友说的话。必须承认，如果有朋友落了钱包，或者我丈夫忘拿电源数据线了，我都会给他们送过去。那么，为什么轮到自己的孩子，我会区别对待呢？

我想，是因为我对孩子有教养义务，所以会区别对待自己的孩子。比起让他们开心和感恩我的爱与支持，我对他们的责任更大。为了把他们培养成为有担当、有能力的成年人，父母必须付出真正的爱，并因为真正的爱而舍得放手，把他们的学习能力放在我们的满足感之上。

这个认识上的转变，让我慢慢认识到：

　　"不管教"最难的部分，不仅是看着孩子把事情搞砸，或者明知他们会"碰壁"而不去阻拦，更难的是，我们要在潜意识里清除"孩子是我的附属，孩子的事情我都要管"这个概念。

帮孩子把忘了的手套或玩具带到学校，他们脸上会带着微笑，给我们温暖的拥抱，这种"安全感"并不是真正的安全感。我们教养的出发点，要建立在他们的需求上，而不是我们的情感需求上。以前，我曾经代劳他们自己能做的一些事情，只是为了让自己感觉是个好家长；现在，当我选择为孩子做那些事情时，我知道我的行为必须出于一种更真挚的爱，我想孩子也能感觉到。

一种更平和快乐的教养方式—— 支持自主型教养

鼓励对孩子放手不管教，并不是说做父母的可以放下监督的责任，放任孩子，然后指望孩子可以依靠自己的内驱力，突然就自觉学习主动做事。不管教带来的是一种更平和快乐的教养方式——支持自主型教养。"支持自主型教养"（与"控制型教养"相反）并不是疏忽教养，也不是被动教养。支持自主型的父母，会对孩子提出明确、清晰的期望，在孩子受挫或需要引导的时候，身心都跟孩子同在。做支持孩子自主型父母最好的一点是，当需要孩子做什么事的时候，再也不用唠叨、挑剔、管东管西地讨人厌了。要知道，类似唠叨、挑剔这些行为，都会破坏亲子关系，所以，一旦没有了这些行为，教养孩子将变成一件更加平和、快乐的事情。

支持自主型的教养方式，能给孩子真正需要的东西。孩子们渴望责任，渴望在家庭中有专属自己的角色。很多家长都抱怨，只要孩子双手闲下来，他们就会做恶作剧，说到底，就是因为我们没能给孩子提供一条明确的通道，让他们认为自己除了调皮捣蛋，更应该为家庭做些贡献。孩子会因为我们的期待而成长，而当我们允许他们承担责任并教会他们如何去履行这些责任时，他们就会充满力量。

家长的适度参与，对孩子的学习习惯和情感健康至为重要。有研究表明，良好稳固的家庭与校园关系，会让孩子在学习和情感上有更好的发展。在一份对教师的问卷调查中，教师将"家长的积极参与"列为孩子学业成功最重要的因素之一。虽然家长的过度参与不对，但不参与同样不幸，家长参与的重要性从来都不容忽视。老师们很喜欢那些按时参加家长会的家长，也很欢迎那些能在班级集体出游活动中提供必要帮助的家长。参与到孩子的学习中，与代劳孩子的学习有着本质区别。过度养育和支持自主型教养之间的分界线，虽然有时候会比较模糊，但是，在教出依赖、缺乏主动性、不成功的孩子以及教出有韧性、积极主动、有内驱力的孩子之间，这两种教养方式还是有明显差别的。

　　心理学家温迪·格罗尔尼克曾经对支持自主型教养和控制型教养对孩子动机的影响，做过一些有趣的对比研究。在她的实验室里，温迪用录像机记录了几对母子三分钟玩耍的情景，以此来判断妈妈与孩子的互动是控制型还是支持型。录完之后，她再一次邀请这些母子来到实验室。这次她只请孩子单独待在一个房间，并且让他们每个人独自完成一项任务，其结果是"惊人的"。那些先前被控制型妈妈指导的孩子在自己独自玩耍时，一遇到挫折就放弃了。

　　停下来想一想，这意味着什么？那些由控制型家长抚养长大的孩子不能独自完成任务，而那些由支持自主型家长抚养长大的孩子能够坚持下去，即便遇到了挫折也不会放弃。孩子在受到挫折后如果还能调整自己并坚持投入，对家长的依赖程度就会越来越小，从而逐渐开始依靠自己锁定目标、学习、计划，甚至独立生活。这些有胜任能力、更加有自主性的孩子，做起事情来也会享受到更多的乐趣。与之相对的，做事情总是依赖家长指导的孩子，会一直指望家长的帮忙。随着年龄的增长，所面临任务的复杂程度也会随之升级，而家长干预的程度也越加复杂化。这样的孩子，到了初中乃至更高的年级，仍然会需要家长来帮助他们完成作业。而这样的孩子成年后，将不会管理自己的日程安排，做事分不清先后顺序。

从"什么都要管"到"什么都少管"

当然，从"什么都要管"到"什么都少管"，从一个控制型家长变成一个支持自主型家长，其过程是一条充满挑战之路。改变任何一种习惯，都意味着挑战。记住：你越让孩子自立，你的孩子就会越自立。

从"什么都要管"转变到"什么都少管"，除了有决心外，还需要投入时间和耐心。如果你的孩子上初中了，还不会在放学回家时自己动手把车里的个人物品清理出来，还从来没有学着自己打包午餐便当、洗衣服、使用洗碗机等力所能及的日常事务，那么在这条自主的道路上，注定会爬一段很陡的坡路。一开始你也许会发现，孩子自己做的每一件事都达不到你的标准，你会产生放弃的念头，会琢磨着是不是该让一切恢复老样子；当看到孩子面对自己从未承担过的任务而手足无措时，你可能会打退堂鼓，会想继续替孩子代劳一切。但是，坚持一下，回报马上就来了，而且比你想象的要快。

也许，不管我们做了什么，使用哪种教养方式，我们的孩子都会一样地爱我们。但是，我更希望孩子眼中的我，是一个擅长指引而不支配、喜欢支持而不操控的家长。

我希望他们知道，比起洗碗机里的碗盘有没有排整齐、白袜子是不是扔入了深色衣物的洗衣篮里，我更关心他们的胜任能力和亲子关系。

支持孩子自主的家长，同样也很重视孩子的纪律、尊重、规矩等。孩子们需要规矩和行为准则，他们最需要父母提供一个基本框架。当大人为他们的探索设定一定的界限时，他们会感到更放心和安全。

不同年龄段的孩子，都会测试自己的能力界限。幼儿测试界限，是为了确认周围的一切没有改变，他们周围的世界（包括他们的父母和父母制订的规则）依然可以依靠。他们试探，我们消除他们的困惑，他们感到安全，这样的试探会一再重复，这就是孩子试探边界的循环圈。

青少年同样会表现出跟幼儿类似的试探循环圈。他们会试探最晚的回家时间，我们告诉他们还是10点，然后他们就不会再多想了；他们试探能否与异性过夜，我们说还不允许这样，于是他们就不存非分之想了；他们试探我们对他们设定的行为标准，我们说我们仍然希望他们待人和善、尊重父母，于是他们心里就有了准绳。在这样的反复循环中，我们画的框架越来越简单。直到有一天，长大的他们能够走出家门，自己独立走进大学步入社会。

试探边界，是尝试独立的一种方式。这是一件好事，虽然有时会让我们抓狂，筋疲力尽，但这是培养孩子独立的必要步骤。有一个方法可以让试探过程简单些：家长给孩子设定的行为要求要明确，更重要的是坚决执行。如果孩子违反了要求，就必须承担一定的后果。设定界限，是支持自主型教养中至关重要的一环。界限就是一个框架，明确告诉孩子应该按照什么要求去做。界限不但可以消除孩子的困惑，还会给孩子安全感和被爱的感觉。

要求孩子严格遵守界限的家长，并不一定是控制型家长。事实上，大量的证据表明，在孩子行为不当或未能达到要求时，让孩子负责任的父母反而能得到孩子的支持和尊重。如果家长试图以控制手段——贿赂、奖赏、全程监督、施压等——来左右孩子的行为，孩子的自主型反而会大大减弱，从而缺乏内在动力，阻碍他们学习和生活的成功。

让孩子养成新习惯

在学会改掉随时为孩子解围的习惯之后，我开始教他们如何打理自己的生活。我教他们如何使用家用电器，如何做分内的家务，更重要的是，我要教他们如何养成新的习惯，如何记住那么多任务，并将它们变成一种日常。

在《习惯的力量》一书中，查尔斯·杜希格解释说，习惯的产生遵循一个基本的反馈回路：提示—惯例—回报。比如，每天下午 3 点钟左右，他都会吃一块饼干。提示（饥饿或者无聊）引发了他的惯例（去自助小餐厅），然后执行这个惯例的回报就是，解除了饥饿感，或打发了无聊感。为了培养新的习惯，你需要给出一个新的提示，并培养出与这个提示相对应的惯例，然后，为执行这个惯例找一个合适的回报。

之前我们提到，奖励与长远意义上的成功是相违背的，但是对那些具有重复性的细小琐事，有不小的鼓励作用。于是，我在家里开了一个家庭会议，目的是为新的惯例创建一个新的提示。我让孩子们想想他们放学后一般都做什么。小儿子说他放学后一般喜欢先写作业，这样写完了就不用再想作业的事，可以踏踏实实地玩乐高或者画画。经过讨论，我们创建的新提示是放学后的小零食。所以，放学回家后，他会先准备自己的小零食，然后写作业，而且他同意写完作业后先拿给我检查，而写完作业的回报，就是尽最大努力完成作业的满足感。找到对你的孩子最有效的提示和小奖励，然后把他们需要完成的任务镶嵌在这两者之间，久而久之，必须做的事情就形成了日常习惯。

在这里，不得不提一下与高科技产品有关的习惯，没有人能够抗拒收到电子邮件或短信息提示音的威力：提示音一响，马上激起我们打开查看的惯例，然而，注意力也会因此而分散。如果能把这种分散精力行为的提示屏蔽掉，孩子们就不会养成注意力不集中的不良习惯，从而可以得到安心写作业并高效完成的回报。所以，我和孩子们还将关掉手机和 iPod 以及其他分散注意力的电子设备，作为一个并行惯例纳入写作业的过程中，而且效果很好。我建议你也这么做，无论是对你的孩子，还是你自己。

现在，在我家里，备忘清单已经成了大家喜爱的提示方式，而且，我惊奇地发现，表扬孩子的掌控能力和努力程度，是一个力量强大的激励办法。我本以为，我们必须制订出很多奖励方案，才能让孩子们形成好习惯，后来我发现，不断增长的自立能力，才是孩子们一直渴望的回报。

当然，改变从来就不是一件容易的事情，尤其是在刚刚开始的时候。有些时候，我会觉得自己真的是一个刻薄的坏妈妈，这样的感觉让我如坐针毡。但是，当我咬牙坚持下来后，会发现改变真的发生了，那种感觉不仅仅是很好，而是太棒了。孩子偶尔也会有不想做某件事的时候，会发牢骚，这是很正常的事情，毕竟他们还是孩子。但是，只要你的孩子戒掉了对奖励的依赖，过度养育的断瘾症状就会慢慢平复下来，此后你的孩子做事情的出发点，可能仅仅是因为他们自己想做，因为他们觉得自己很有用。这种感受十分重要，始于家庭，然后随着年龄的增长，扩展到更大范围。

控制型父母和支持自主型父母的区别

1. 控制型父母给孩子太多"不请自来"的建议和指示

· 洗碗机不是这样用的，把盘子放进去之前要先洗过，所有的大盘子放在左边。

· 不要把盘子放在水槽里，等会儿再洗。

· 要这样做。

· 现在就做。

- 等一下做。

这些"不请自来"的建议和指示，在家长看来是帮助孩子，而在孩子看来，可能就是烦人的"唠叨"。每个人做家务都有自己的方式和习惯，所以你的孩子很可能不是按照你希望看到的方式用洗碗机，其他方面也是一样，他们不会那么正好就合你的意。你会忍不住给出建议，发出指示。然而这些建议和指示会干涉孩子的自主性，也会传达出你对孩子胜任能力的不信任，不仅会让你和孩子都心情郁闷，还会影响你和孩子之间的亲密感。

正确的做法应该是怎样呢？如果孩子真的把沾满食物的盘子直接放进洗碗机，在取出盘子的时候，他会发现盘子上面的残渣，这时，你可以借机告诉他如何避免这类错误。所以，在孩子真的卡在那里的时候再提供指导吧，抓住让他们学习的大好时机。而其他时间，你最好管住自己的嘴。孩子的学习，是在犯错和改正错误中实现的，你预先提醒的错误，不会给孩子带来任何好处，所以还是省省力气，别再计较盘子的摆放应该是南北方向而不是东西方向。

2. 控制型家长会直接代劳

· 干脆我来做，你去玩吧。

· 我们现在必须赶紧去学校，放在那儿，等我回来我再做吧。

· 不对，不是那么做，还是我来吧。

有时候，直接代劳确实会更省事，尤其是在你赶时间或者筋疲力尽的时候，肯定没有耐心等着孩子自己研究。但是不要忘了，我们养孩子的目的就是教会他们自己做，而不是单纯地、无所谓过程地完成某件事。有时候，我们在反应上能慢一分钟是很重要的，尤其是当你的孩子在努力学着掌握他一直做不好的事情的时候，请你后退一步，深呼吸，记住教养的重点是什么。

3. 控制型家长使用外在激励来换取"乖表现"

· 你收起一个玩具，就给你一颗糖。

· 如果每天早上你起来遛狗，我就给你买一双新运动鞋。

· 如果不用我催，你坚持一周用洗碗机洗碗，我就给你买你一直想要的那款电子游戏。

这样的交换条件，相信每个家长都曾开出过，结果却未必尽如人意。

想让孩子真正形成好的习惯，一个重要的前提就是，你要把奖励降到最少，让孩子不再依赖奖励。在孩子通往自主的过程中，小小的庆祝或奖励是可以的。但是，很多最基本的家务责任，比如遛狗、扔垃圾等，应该被看作每个家庭成员应尽的义务，不是什么值得大肆称赞或奖励的事。每个家庭成员都应该为家里做一些基本的事，如果连基本的事都要奖励，那就是在告诉孩子做这些事情是英雄，而不是本来就该做的事。

4. 控制型家长直接提供解决方案或正确答案，不给孩子机会去思考问题

- 宝贝，5 乘以 4 等于 20，你知道吧，写在这里。
- 在你拼写单词的时候，我来帮你查字典。
- 把铅笔给我，我来演示给你看。
- 不是那样的，应该这样。

对孩子来说，并不是所有的答案都能脱口而出。家长不要急于告诉他们答案，而是要给孩子一些时间，让他们可以静静地思考。这不仅可以让他们明白安静带来的好处，还能让他们享受得出答案的过程。

5. 控制型家长不让孩子自己做决定

- 先做数学作业，再做拼写作业。

- 在桌子这边做作业，这样我能看见你。

- 这个季节，你应该打网球而不是棒球。

孩子不是你的提线木偶，让孩子体会到独立自主，会比命令更好。让他自主选择参加哪种运动或者不参加哪种运动、玩什么游戏或者不玩什么游戏，这其中的意义比活动本身更重要。做决定是一个复杂的过程，需要很多实践。所以，根据事件的大小，给孩子试验自主性的机会。

与控制型父母相比，支持自主型父母会像下面这样做：

6. 支持自主型父母启发孩子自己找到答案

· 我知道，你知道 5 乘以 3 等于几，现在再来一个 5，那结果是多少呢？

· 为什么把热水倒进冷杯子里，杯子容易裂开呢？

· 注意拿量角器的姿势，这样你才能读到上面的数据。

教养既然称为教养，"教"的过程必不可少。父母要善于在孩子做的每一件事情中，去发现可教育的机会，启发孩子自己找到答案。很多父母因为缺乏耐心，忍不住提前透露答案。这是错误的。如果家长可以通过启发，让孩子靠自己的努力发现答案，那么孩子会把知识记得更牢固，理解得也更深刻。

7. 支持自主型父母允许孩子犯错，帮助孩子理解错误会带来的后果

· 你打碎了那个杯子没关系，现在我来教你怎样把这些碎片清理干净，下次你可以一次少拿点杯子。

· 把燕麦粥里的疙瘩捞出来吧，我来教你怎么冲燕麦粥才不会出现这样的问题。

• 拖把桶倒了，是因为它太矮，不足以平衡拖把柄的重量。

现在先把地面清理干净，下次使用那个高一点的拖把桶。

看到厨房地板上都是碎玻璃、满地都是脏水时，确实很难保持幽默和耐心。但是如果我们让孩子明白，错误也是学习的一部分，那么他们就会对自己的能力更有信心，也不会害怕再度犯错。如果我们教他们"做不好就代表世界垮了"，只会强化他们对失败的恐惧。

8. 支持自主型父母把错误和成功的价值看得一样重要

• 那个工作表对你来说那么难，可你坚持做到了，我真为你感到骄傲。

• 想想你原本可以怎么说，这样弟弟会理解你，而不是用玩具砸你？

让孩子看到犯错的教育意义，方法之一就是在孩子犯错时，给予他们和成功时一样的爱与支持，不让他们以失败为耻。父母要帮孩子从失败中吸取教训，帮他们寻找处理失败、在失败中成

长的方法，这样下一次他们才会做得更好。在他们搞砸的时候，
要理解他们的感受，爱他们，因为在那个时候，他们最需要我们
的支持和爱。

9. 支持自主型父母认同和理解孩子的沮丧和失望情绪

· 第一次我做不好一件事的时候，我也会感到抓狂，但
我会继续努力，直到弄明白为止。

· 还记得昨天，我没能得到那份想要的工作的事吗？那
种感觉真的是太失望了，但是我知道如果仔细去想，会从中
收获了其他的一些东西。

· 我能想象，这道数学题让你感到多么挫败，但是当你
弄明白如何解答时会感觉很棒，对不对？

让孩子知道，你明白代数有的时候真的很难；理解午餐时凯
拉拒绝和她坐在一起，那种感觉有多糟糕；理解他那么努力完成
的作业，老师居然打了那么低的分数，一定让他感觉很灰心。我
们每个人都需要被倾听、被理解的感觉，孩子更是如此，这也正
是亲子之间形成联络感的时刻。让你的孩子看到你对他们各种感

受的认同和理解，接下来，你们亲子之间的问题也就都能解决了。

10. 支持自主型父母给予反馈

　　· 低头看看你的按钮；有些地方不太对劲——你能看出来问题在哪里吗？

　　· 如果在处理其他问题时忘了考虑这两个因素，也许你还会犯同样的错误。

　　有效的反馈能推动孩子做出进一步努力，引导孩子发现他们的错误。比起具体的指导，孩子更愿意听那些能启发他们自己找到解决方案的场外观察点评，因为这样一来，孩子会感觉找到解决方案的是他自己，而不是你。

　　在教养的路上你会犯错，我们都会。但是，只要我们爱孩子，让孩子清楚我们的爱不会因为他们表现得好与坏而有什么不同，他们就不会有问题。

　　控制型教养和支持自主型教养之间的界限有时候很模糊。一些控制型教养行为，比如没有把握好度的奖励和表扬，也很容易被误认为是积极的教养行为。

在教养的路上你会犯错，我们都会。但是，只要我们爱孩子，让孩子清楚我们的爱不会因为他们表现得好与坏而有什么不同，他们就不会有问题。研究显示，最糟糕的控制型父母要么把对孩子的爱闷在心里，要么根据孩子的表现来表现喜怒。这种父母会伤害到孩子内心最脆弱的地方：最基本的安全感和被抛弃的恐惧。即便是很细微的情感疏远，也会对孩子的安全感造成很大影响，所以，当你发现自己在孩子的表现上感到失望时，尤其要注意与孩子的沟通方式，克制自己表露消极情绪。

在我们小心避开这种控制型教养的方式时，我们可能还会遇到其他一些问题。比如，在我们最初放弃奖励和其他形式的控制行为时，我们觉得心理上过不去。随着家长发现依赖型的孩子越发不好教养，同时，看到自主型教养的积极效果开始在家里和学校显现出来的时候，我们就会慢慢明白，所有这些支持孩子自主的教养行为，并不是什么革命性的壮举，更像是人们本该清楚的常识。

怎么做才算一个好妈妈

回头想想，我儿子把作业丢在家里，我对自己的决定很困惑，举棋不定。那天出发去学校办事的前一秒，我似乎听到那个作业本最后一次向我低语："为什么不当一个好妈妈，原谅他这一次，就这一次？"也就是在那一刻，我想明白了为什么解救自己的孩子、让他们从失败中脱险，不同于帮朋友或丈夫一个小忙。然后，我走回房间，将脑子里的灵光乍现发到了脸书的跟帖上：

在过去的几周里，我和芬尼根之间一直讨论的话题就是一定要在前一天晚上装好作业，这样不至于在第二天早上匆匆忙忙忘记了。这次失误，正是让他深刻明白这个话题意义的重要机会。我也经常落东西（比如我的钥匙，一天差不多能忘十次）。但是，正是这些失误，让我想出了办法，提醒我下次一定记得。这次的落作业，正好暴露了他在做计划方面的失误，会让他印象深刻，也会让他学到更多。

放学后，芬尼根走进家门，迎接他的是香甜的烤饼干味。虽然我没能当一个把作业送到学校的好妈妈，让他这一天好过一些，但我想烤一盘温热香甜的饼干，也很适合表现作为妈妈的爱。这些全都是爱，无关拯救与否。

当他把书包扔到地板上，开始从书包里拿出餐盒的时候，我问他今天过得怎么样。我挑着眉，瞄向还放在茶几上的作业本。我问他，当他发现没带作业本的时候，老师说了什么。

"还好啊。我和老师讨论了要怎么记得带作业，他说我可以明天把作业本带过去。"

"就这些？"我问，"没有罚你放学后留下，或下课后不能出去玩？"

"哦，对，在阅读课的时候，我必须做一些额外的数学练习，但今天晚上我可以补上课外阅读。老师让我在自己的作业本上贴一张便条，提醒我明天带作业。"

他就是那样做的，他给自己写了一张便条。第二天，他没有忘记带作业，而且从那以后几乎没有落过作业。面对自己犯错的后果，他学到了很多，他学会了自己去面对失误，并跟老师讨论解决方案。在老师的鼓励下，他想出了避免再次犯错的方法，还制订了一套适合自己的方法。那天晚上，他完成作业后，我们一起吃饼干。我们发现味道是那样温暖、甜美，我的心中也很舒坦。

第 4 章

除了爱，更重要的是让孩子信任

艾琳娜的故事

有一天，我和朋友艾琳娜采摘树莓的时候，聊起她的女儿奥利维亚。一年前，奥利维亚的头部遭到了严重创伤，失去了记忆。开始大家都觉得她的记忆还会恢复，但是，事故之前的人生——她的家人、朋友、宠物、学校——再也没有回到她的头脑中来。在艾琳娜和她丈夫等了一个多月之后，他们意识到，是时候结束等待了，女儿的人生还要继续，他们决定接纳孩子现在的样子。事故前，奥利维亚就是一个很聪明能干的孩子，当然没了十六年的过去，现在的奥利维亚也不差。我问艾琳娜，这一年来，她在教养孩子方面有什么变化。她递给我一颗树莓，说道：

我夸孩子的方式完全变了。以前我只会对孩子说：你们真聪明、好棒。但是对于一切从零开始的奥利维亚，我们不能再夸她多聪明、多有天赋，因为她已经忘记了自己之前擅长什么。不过，失忆后的奥利维亚很努力，想弄清自己是谁，将会成为什么样的人，所以，我总是夸她很努力，夸她在面对挫折时依然相信自己。我不仅是这样夸奥利维亚的，并且对家里的所有孩子都是如此。我的称赞方式慢慢改变了我的孩子，尤其是年龄还小的几个孩子。他们对自我的认知、对自己潜力的认识发生了很大改变。

不是所有表扬都会有积极效果

管教孩子的过程中，我们习惯地认为表扬孩子是一种积极的教养方式，认为优秀的孩子都是夸出来的。其实，表扬是一种微妙且很难掌握的育儿工具。表扬可以激励一个孩子，也会毁掉一个孩子。恰当的表扬会鼓励孩子不惧失败、敢于尝试，而夸张不切实际的表扬，最终会伤害孩子的自尊，造成孩子自我认同感低。

　　不是所有表扬都能达到一样的效果。"你真聪明"和"你的法语作业做得真用功，完成得这么好，这种感觉一定很棒吧"都在夸孩子，但两者截然不同。前者是对孩子做出评判，即使是积极正面的评价，也会对孩子以后的表现行为造成不利影响。"你真聪明"是贴标签的评判，对象是人，而不是事件本身。如果我总是夸我儿子聪明，其实是在告诉他因为他的聪明，才将事情完成得这么好，才会获得我的表扬，那么，他就会放弃那些有损于他"聪明"标签的事情。因为他心里想的是，如果他不再聪明了，我就不会表扬他，也不会爱他了。如果我夸他努力，比如我为他在上周编写小故事的努力而自豪，那么，其实我是在支持他的努力行为，是在分析他做事本身，而不是他这个人的品质。

　　两种不同的表扬方式，会成就孩子不同的心理模式。卡罗尔·德韦克和她的同事让几百名青少年做了十个小测试。测试之后，有一半学生得到了这样的夸奖："哇，你做对了（比如）八道题，这个成绩真棒。你一定是这方面的天才。"而另一半学生则听到这样的夸奖："哇，你做对了（比如）

八道题，这个成绩真棒。你做得一定很用心。"在得到夸奖之前，两组学生的表现差不多，随着表扬的升级，两组学生开始表现出不同的倾向。总被夸是"天才"的那一组学生形成了固定型心态。给他们两个任务选择时，为了保住"天才"这个标签，他们会拒绝挑战性比较强的任务，选择那个更容易完成的任务。被夸赞"很用心"的那一组学生则表现出成长型心态，他们更愿意去通过努力实现"真棒"的成绩。

孩子在成长过程中，会期待老师或者父母帮自己找到自己的位置，读懂自己在这个世界上的坐标。如果这时我们企图通过大肆赞扬他们的固有品质，试图来提升孩子的自尊，那么我们就是在帮倒忙。因为这样做的话，我们不仅向他们灌输了固定型心理模式，还在他们心里播下了不信任的种子。当一位老师在教室里走来走去，夸奖任何一个孩子"做得很棒！你真聪明"时，学生们很快就会想某某某又被骗了，因为孩子们知道，不可能每个人都是天才，于是他们会开始怀疑我们的诚实性，或者至少开始质疑我们的判断力。

我们把孩子变成了骗子，
仅仅因为我们夸他们聪明

关于不当的表扬如何毁掉孩子，如何造成他们对我们的不信任，斯坦福大学教育学教授威廉·达蒙这样描述："即使是出于最好的意愿，不够诚实的交流也将不可避免地产生副作用。其中之一就是，孩子们早晚会看穿这些对他们不够中肯的评论。"

丽莎·霍夫曼身为教养博客"成长与飞翔"的作者，同时也是两个孩子的母亲，她这样呼应了这一观点：

除了持久的爱，我们和孩子之间的关系中最重要的一点，就是我们的可信度。夸孩子在明显不擅长的某件事上很有天赋，那么我们就是在破坏自己的可信度，而这种做法对孩子的自尊并没什么好处，因为真相迟早会暴露出来。如果我的孩子确实不具备某方面的才能，我会直言不讳，因为这种坦白意味着我的任何一句表扬都更具价值。赞美的神坛本来就不堪一击，身为父母的我们，不应该把自己的信誉变成神坛上的祭品。

盲目的夸奖还会将孩子推向不自信和身份认同危机之中，他们会为了父母的喜爱和认可，去拼命维护自己的完美形象。想象一下，一个一直被夸为数学天才的孩子，一天在课堂上看到了一个很复杂的代数公式，他理解不了。这时，他心里会想："爸爸妈妈一直夸我聪明，但我并不是他们想的那样，我做不到，现在这个公式我不能理解，我不能让他们知道真相。"

德韦克说，不同的表扬方式，不仅会形成不同的心理模式，还会造成孩子不同的身份认同感。为了进一步测试孩子在挫折和失败面前的反应，德韦克给那些夸赞为"天才"和"努力"的孩子又做了一组更难的测试。那些被赞为"聪明天才"的孩子更容易放弃，而那些被夸奖"用心努力"的孩子，在挫败面前表现得更加努力用心。这些学生没有放弃，因为他们并没有把失败定性为自己的无能。而且，那些接受挑战的孩子还说：问题的难度越大，乐趣越多。

拥有成长型心理模式的孩子在享受乐趣，而那些固定型心理模式的孩子们就此停住了。即使在后来的实验中，德韦克将难度降低，那些固定型心理模式的孩子的表现依然很糟糕，成绩还达不到第一轮测试时的水平，他们不能从失败中恢复过来。在最后一次测试中,德韦克特意设置了一个"阴险"但很有启发性的环节。他让参加测试的学生们为学弟学妹们写下自己对这些问题的感想，并且在写感想的过程中，要标出自己的成绩。那些被赞为"聪明天才"的孩子中，有40%谎报了自己的成绩。德韦克在她的《心理定向与成功》一书中提到："我们把孩子变成了骗子，仅仅是因为我们夸他们聪明"。

詹姆斯·M.朗在《作弊的教训》中写到：我们的一句"你真棒"，无形中把孩子推到过度自信和自我膨胀的状态中，并将导致各种负面的后果。

一个人对自身知识、技能、思维水平的认知判断能力，被称为"元认知"。这种能力让孩子明确自己对某个主题的准备或了解是否充分。元认知能力越好的孩子，越容易获得詹姆斯·M.朗所说的"自我效能感"，越相信自己成功的能力。这种相信，区别于简简单单的信心，也不是基于家长大肆夸奖而产生的异想天开，而是建立在某项技能或任务的实际体验和反复努力之上的。

面对空洞而定性的表扬，孩子的自尊感会降低。设想一下，如果父母和老师改变表扬的方式，多夸奖孩子努力和勤奋，肯定孩子的自主性和胜任能力，那些原本自尊感低的孩子会通过一点一滴的努力和获得的一个个小成就，逐渐建立起自尊感。这种自尊，是通过实际体验的努力和拼搏赢得的自我认知。

从固定型心理模式转变为成长型心理模式，是一个挑战，比这更难做到的，是在孩子成功或失败时，我们该怎么来表达我们的夸奖和鼓励。将一件很多人概念中的坏事，与夸奖和鼓励联系在一起，是很多父母感到难以做到的。其实，只要在语言上注意方法，则完全可以成为现实。只是，一个人的语言调整需要一定的时间，我们已经习惯了原来的表扬和鼓励模式，习惯了表扬孩子的先天特质。只要愿意去改变，就能培养出新的模式，培养孩子的元认知能力和自我效能感。

让孩子信任父母的正确表扬方式

这是调整表扬孩子方式的一些好建议，也许这些方法能够帮助你的孩子形成成长型心理模式，增强自我效能感：

1. 赞扬努力，而非天生特质

扔掉"这次测验表现很棒！你真聪明！"试一试这样说："这次测验表现很棒！你表现得这么好，都是怎么准备的？"别再说"我真喜欢这幅画！你真是个艺术天才！"试着这样说："你在色调处理和下笔角度上这么用心，我真为你感到自豪！"认为努力和勤奋能使自己的智力增长的孩子，在面对失败时不容易焦躁，而且更能在失败中坚持，甚至会在体验的过程中享受到乐趣。

2. 以身作则，在你自己的人生中采用成长型心态

当孩子看到你努力拓展自己，即便你在这个过程中失败了，

他们也会愿意向你学习。如果你能让他们看到你经历了失败仍然不放弃，而是更加努力，那么对孩子的益处也就更大。孩子们会通过你的示范明白，一件事情的失败，不等于一个人的失败。你是孩子的第一个榜样，也是最有感染力的榜样，所以，要让他们看到你是多么坚信成功在于自身努力，而不在于先天才能。找一件你认为超出你目前能力范围的事情，并努力去做。记住，失败和否定是学习过程的一部分，尤其是当我们撞上自己舒适区的界限时。一旦我们突破了那道界限，瞥见了舒适区之外的各种可能性，那种感觉真的会让你欣喜而振奋。

3. 不要强化对失败的不适应

面对失败，每个人的反应都不尽相同。有些反应相对健康，而有些反应会让我们承受比失败本身更严重的损失。比如，拒绝面对失败的事实，容易酿成更严重的失败。所以，对你的孩子要坦诚。如果你的孩子因为不够努力，在某件事情上失败了，告诉他真相，别粉饰太平。让孩子学着去面对事实，看清自己的缺点和失败，做出积极的应对。如果我们总是夸孩子多么有才华，在某一方面多么有天分，同时所有的证据都在证实着相反的论点——

一旦孩子发现真相，他们对我们的信任度就会因此降低。

4. 一定要让你的孩子明白，你对他们的爱和赏识不会因为他们的失败而减少

失败会让孩子感到痛苦和尴尬，但是你的爱，以及你和孩子之间的情感纽带，会缓解他们的痛苦和尴尬。同时，他们需要知道你会站在那里支持他们，而不是评判或不切实际地表扬，这就是孩子人生中远离焦虑的安全港湾。

5. 让孩子自然而然地感受失败带来的失落感

接纳孩子的失落情绪，不要着急帮着解围。毕竟，那是他的失败，不是你的，所以，你跑去帮他解围是不公平的，也会适得其反。你的耐心、安静甚至袖手旁观，实际上是在教他懂得，他自己有从失败中站起来，并继续前行的内在力量。

6. 不要急着营救，让孩子自己承担失误的后果

你的主动救援是在暗示：你不相信孩子有自己找到解决方案的能力。我们要支持孩子解决问题，让他在失败中学到经验和教训，

而不要将失败看作对孩子自我形象和信心的致命一击。你的目标，应该是帮助他在失败的体验中重获掌控感。当孩子开始懂得如何在失败的残骸中找回那些有价值的碎片，并为将来的成功规划出新的策略时，真正的学习就从这一刻正式开始了。

奥利维亚最终从创伤中恢复了，尽管她丢失了大部分原来的知识基础，她还是成功地返回了高中，与她的同学一起毕业，并且考入了大学。我不确定艾琳娜在教养方式上的改变与奥利维亚的成功是否有直接关系，毕竟成功的个案很难说有什么统计学价值。但是，据我所知，当艾琳娜开始支持、表扬奥利维亚的努力，而不是夸她聪明时，确实更有可能让奥利维亚在努力回归生活常态的过程中，经受住无数次失败的考验。不仅如此，她还给奥利维亚上了一堂伟大的课，让她学会在未来的某一天，如何做一个培养孩子成长型心理模式的母亲。

第2部分

"不管教"最难的部分，不仅仅是看着孩子把事情搞砸，或者明知他们会"碰壁"而不去阻拦，更难的是，我们要在潜意识里清除"孩子是我的附属，孩子的事情我都要管"这个概念。

the gift
of failure **"不管教"**
是更好的管教

第5章
做家务培养孩子的胜任能力

凯特的故事

一天下午，我走进英语教室，无意中听到八年级的女生凯特正在跟朋友抱怨"好饿"。我问她，是不是忘了带午餐。她说："不是，我就是不喜欢吃妈妈给我装的午餐。"我没有直接告诉她解决办法——她完全可以自己装午餐，我反问她，如果不喜欢妈妈准备的午餐，有什么方法不让自己挨饿？

"我可以出去买？"她提出了方法，结尾却用了一个疑问的声调，并且把目光转向我，看我的反应。显然，她对自己的答案并不确定。

"或者……"我提示道。

"……或者，我可以告诉妈妈我喜欢吃什么，这样她就可以给我装我喜欢的食物了。"这次，她说话的语气坚定了一些，似乎为自己想到这么聪明的方法而窃喜。

"还有呢……"我又提示了一遍。

她有点困惑，难道还有别的办法？我转向她身边的同学，她的这个同学向来都是自己装午餐的。

"埃尔希，凯特想吃到自己喜欢吃的午饭，你觉得凯特可以怎么做？"

埃尔希脸一红，回答道："你可以自己装午餐。我就是这么做的。有时，我吃完晚饭就把第二天的午饭装好，因为饭菜就在桌上，这样第二天早上就不用匆匆忙忙了。"

这回轮到凯特脸红了。

"噢……是啊，我也可以那样做。"

凯特不仅这么说，而且真的做到了。在最开始的一两个星期，她还会特意在有我在的场合，说自己有多喜欢自己装的午餐。一个月之后，在她生日那天，她端着一大盘纸杯蛋糕来到我的办公室门口。

"今天是我的生日，您要不要来一个纸杯蛋糕？我自己做的。"她很兴奋，满脸笑容，这一次，她终于有机会向我证明自己的厨艺进步有多快了。我拿了一个，然后看着她把剩下的分享给同学们，几乎每隔三十秒，就会听到她重复一次蛋糕是她自己做的："连糖霜都是我自己做的！"她开心地说着。

什么事都替孩子做了，
孩子就什么都不会做了

在过去的年代，因为经济条件和育儿观念的原因，父母往往会让孩子做一些力所能及的家务。现在的父母却取消了孩子做家务的责任，不仅如此，还会在更多事情上为孩子代劳。我们什么事都替孩子做，而不再教他们如何做一个有责任感、可靠的、能为家庭出力的家庭成员，这并不是个好现象。更糟糕的是，我们不相信他们有什么胜任能力，一旦他们做起家务，我们会一把抢过来，觉得自己做得更好。

孩子自己铺好了床，铺平了之后，我们还要再整理下；孩子叠好了衣服，整理好带褶的浴巾，我们还是不放心，要重新整理一下。我曾经从儿子手里抢过海绵，因为本来是让他清理牛奶污渍，他却弄得哪儿都是。我觉得他做得不够快速、不够好，于是我把他赶到了别的屋里，让他去一边儿玩。这种总想插手为之代劳的冲动，我能理解，你肯定也感同身受。结果呢？当我们插手想自己搞定时，损失的比得到的更多。

是把盘子洗干净重要，还是让孩子为家里做了一件有意义的事情，并由此体会到使命感和自豪感重要？是将床整理得一点褶皱也没有重要，还是培养孩子学着做家务的习惯重要？父母的代劳行为，多多少少会造成孩子在情感上、智力上和社交上的缺陷。有一天，一旦没有成年人在一旁指挥，他们就不知道自己的方向和目标在哪儿了。

就拿前面的例子来说，我让学生自己准备装午餐，重点不在于我怕她被惯坏或者想让她"历练自己"，重要的是，希望她能体验自己搞砸午餐的失败感。她需要偶尔在自己的错误选择中体会失望的感受。她需要自己发现，如果把酸奶放在冰袋的下面而不是上面，酸奶会被压扁，整个午餐袋就会因此变得黏糊糊。她需要知道，清理黏糊糊的午餐袋是什么滋味，这样才能避免下次犯同样的错误。她需要发现所有这些小细节，并且学会为了在日常事务中避免各种小麻烦，自己去想一些妙招和方法。

我的一位朋友跟我说，她刚刚遭遇了一场交通事故，虽然她毫发无伤，但她意识到自己得为家人列一份清单，好在自己没法照顾他们的时候用到。儿子要在周日把球衣洗好，因为周一训练要用到；得告诉女儿哪些衣服可以用烘干机、哪些不能。还要告诉孩子们马桶堵了怎么办，停电了怎么重启水压箱，保险丝断了怎么换，冬天怎么保养割草机，以及各种大大小小的事。在这之前，她从来没有"劳烦"过孩子做这些事，都是自己一个人打理。

我完全理解她说的，但我还是跟她说，万一她不幸死在那次车祸中，水压箱能不能重启也许根本就不是要紧的事情。我告诉她，如果平时我们不允许孩子学做一些家务，当我们不在他们身边的时候，孩子会很无助。这次事故正好可以让她有机会看看自己不在的时候，孩子的能力哪些地方有欠缺。对她来说，这次事故也是一个提醒。

为了保护孩子免遭失败，而不让他们经历任何小挫折、学习处理各种小事，这不是在帮他们。

　　不管是因为过度教养，还是出于追求完美的需求，或者表达爱的渴望，再或者，是为了证明自己是优秀家长，我们这样做，都是在剥夺孩子作为家庭成员尽责任和义务的机会。我们拒绝给孩子失败的礼物，忘记了最好的教养时机，有时候就在克服困难的那一刻。

因为我们的代劳，
孩子变成了懒惰的自恋狂

　　《纽约时报》的编辑戴尔·安东尼娅是我的朋友，她给我讲过一个故事：一天，她的一个朋友开车冲出她家已结冰的车道，一头栽进了雪堆中。在场的大人看到这一幕都既紧张又生气，旁边的六七个孩子却非常激动和兴奋，因为这个机会让他们可以发挥作用，帮忙把车弄回到车道上。孩子们集合在一起，有的拿出猫砂，增强车道摩擦力，有的拿来铲子。为了让车开回原来的车道，他们还设计出各种各样的斜坡、杠杆和滑轮。安东尼娅至今说起这件事，还是十分赞叹。在一个本来让人沮丧的状况下，孩子们所表现出来的乐观和热情超出她的想象。孩子们好像正等着危机的发生，这样他们才有机会证明自己多机智和有用。在帮助轿车重回车道的过程中，他们尝试了很多办法，也失败了很多次，但每次想到一个新办法，他们都十分开心。安东尼娅说，那天下午，是她对冬天最美好的记忆之一。有一次，当我问她儿子那天下午的事情时，他马上来了精神，滔滔不绝地跟我重复那天的冒险。

当我们每一次刻意把孩子排除在家庭事务之外，孩子也就失去了一个学习从失败中复原的机会。开始的时候，做家务可能让孩子很受挫。因此我们告诉孩子什么家务都不要做，告诉他们就那么看着、等着，带着不知所措的表情，指望大人将他们从无能为力中解救出来。如果我们这么教育孩子，其实等于在教孩子只关心自己，教他们在懒惰无能和狂妄自恋中往复。没有能力，或许还可以通过耐心的教导来补救，但是改造一个自恋狂，可就是一个极为严峻的事情了。

十个碎盘子换来的自豪感

在和其他老师讨论孩子能做什么家务时，我越来越清楚地认识到，比起父母，老师对孩子的能力更有信心。我曾经问一位老师："如果给孩子足够的时间和耐心，幼儿园的孩子能在家做些什么事？"她笑了笑，回答我说："所有的事。"我看过很多学生的推荐信，上面都罗列了学生参加过的各种义工活动。比如，有一封推荐信上写了该学生去过收容所帮忙准备晚餐、帮忙将捐赠的衣物分类、在哥斯达黎加援建公共厕所等。但是，据我所知，这个学生在家里从来没自己洗过衣服。父母们宁愿花大量时间和金钱让孩子去参加义工和慈善活动，在各种申请表上丰富孩子的经历，也不愿意让孩子在家里做力所能及的事。

也许你的孩子到现在还没自己洗过衣服，没用过洗碗机，但这并不代表他们没有能力去做这些事。孩子有自己的创意和想法，即使这个工作看起来超过了孩子身高可以承受的范围，他们也可以踩在板凳上来完成，比如，他们怎么才能拿到放在橱柜上方的碗盘呢？

我的小儿子六七岁的时候，第一次用洗碗机。他从客厅里拽来一把椅子，高度刚好够得着高高的盘架。他花了整整半个小时的时间，把盘子一个一个地摆放进去。我在吩咐孩子把碗盘拿出来的时候，忘记了那个架子对他来说还太高，但是他自己想出了一套绕过障碍的方案。当我问他"这些都是你做到的？包括那些盘子？"时，他脸上那种自豪的表情，真的是发自内心的满足。当然，这个过程中也有失败。从我第一天让他做这份工作开始，在学习拿碗盘、排好碗盘、放回碗盘的过程中，他不止一次地打碎过盘子，但这又有什么关系？我用十个碎了的盘子，换来他充满胜任感和自豪感的微笑，我想这是值得的。

家庭参与感，是一个人走向有目标、有成就人生的第一步，而且也是最基本的一步。近些年，医生在分析青少年出现各种抑郁症和自杀意念的形成原因时，发现"缺乏生活目标"是一个主要的因素。当生活的细节变得失控而乏味时，正是目标和使命让我们不至于走向绝望。有了目标，才会有决心和意志，才能激发出无限的智慧和力量，而这也是孩子们实现个人理想最重要的一点。在教养孩子的过程中，家务和理想，看起来很远，其实很近。

父母不让孩子参与家庭事务的理由总是很多，比如：

- 让孩子做家务，还不如我自己做快一些。

- 孩子怎么能做好家务。

- 虽然他们能做，但孩子就是孩子，长大了他们有自己的工作要做，不一定要学会做家务。

- 让孩子收拾家务，家里肯定会乱七八糟，别人会笑话我的。

- 孩子做家务，肯定浑身脏兮兮的，别人会认为我不尽职。

要相信孩子，要给他们机会，要让他们登上"舞台"，更要允许他们尝试、失败、再尝试，直到他们能做好为止。当你能做到这一切时，就会发现，让孩子参与到家务中来，会有意想不到的效果。

家务中培养的自我重要感

虽然我们一直在说做家务的好处，实际上，"家务"这个词应该从家庭用语词典中去除。我的意思是，在给孩子布置任务的时候，不要用"家务"这样的表述方式。积极育儿法创始人埃米·麦克里迪告诉我："我总是鼓励父母别用'做家务'这个词，而改用'做家庭贡献'。也许'做家庭贡献'这个词孩子不一定觉得有趣，但是它传达出了一个重要信息：当你帮忙做家事的时候，你就是在为家庭做贡献。每个人的本性上，都需要感觉自己是重要的。对所有孩子来说，从三岁的幼儿到十几岁的青少年，为家庭做贡献正是培养自我重要感很棒的做法。"

让孩子感受自己的重要性时，他们同时也会体验到失败的滋味，但这并非坏事。让孩子做家务，不是你在冰箱上贴一张家务清单就万事大吉，从"去做"到"做好"，需要一个过程，而这其中最需要的，就是你的引导。你知道怎么将洗好的衣服叠整齐，但你的女儿不知道。开始几次让她自己做这些事时，即使叠得乱七八糟也没事，让她自己去发现自己叠的那些衣服与抽屉里的其他衣服有什么不一样。让她的弟弟对她表示失望，因为姐姐给他叠的裤子是翻着的，而且还潮乎乎的，这一切全是因为裤子放到烘干机里的时候裤腿打结了。让她自己发现，如果把衣服放在烘干机里一整夜，她最喜欢的裙子第二天拿出来就会皱皱巴巴的。做家务的过程中，孩子会遇到挫折，但要相信总有一天这样的事情不会发生。在孩子学习做家务的过程中，你家可能会乱七八糟，孩子可能要穿着潮乎乎的裤子和皱皱巴巴的裙子出门见人。如果你更重视的是朋友、邻居们怎么说，而不是让孩子体会胜任感，那你确实无法做到把家务交给孩子。只要坚持一下，最终你会发现，你女儿在洗衣服的细节上做得很到位，不仅能完成家务，而且还完成得很棒。给孩子足够的时间和机会，他甚至会自己套被套。

具体操作方法

1. 明确的期待，真实的责任——列清单法

对孩子提出明确的期待，即使他们达不到要求，也要让孩子负起责任。不要贿赂或者金钱奖励，短期的激励措施不能当作长期的策略。明确告诉孩子，让他们做家务不是为了让他们换取酬劳，而是因为他们是家庭的一员。家就是一个相互合作的小集体，生活在一起的人要相互爱护，共同分担。

让孩子从小就明白，你希望他们帮忙做家务。如果孩子的年龄已经不小了，而你之前从来没让他们做过家务，那么要承认那是你的失职，不应该低估他们的能力。开一个家庭会议，讨论一下哪些事情孩子能做，列出一个预期清单。你可以把这个清单张贴起来，也可以不贴，由你自己决定，但清单一定要清晰，让孩子能懂。我认识的一位妈妈，为她家还不识字的孩子列了一张图画版的清单，上面画了盘子、洗衣机、饭盒等，而对大一点的孩子，她用的就是文字版的清单。

2. 退到一边，管住嘴巴

列完清单后，我们需要做什么？

退到一边，管住嘴。这就是我们最该做的事。什么叫管住嘴？如果孩子的工作是饭后收拾桌子，冲洗完碗筷之后放到洗碗机里，但他不小心忘了，那么就让碗筷放着，别提醒他这些事他还没做，这时候才是你借机指导他的好时机。让他回来时亲眼看见盘子还是他离开时的样子，乱七八糟地堆放在那里，而且上面的食物残渣已经干了。这时，你就可以对他讲，盘子上那些原本很容易冲掉的食物残渣，因为冲洗不及时变干了，现在要费很大的工夫来洗。这个时候，你不要帮他清洗，让他自己来处理。

身为父母的你必须控制自己，任何唠叨和干预行为都会打击孩子的积极性，也容易破坏你和孩子之间的亲子关系。即使盘子放在桌子上两天，也不要理会，不要碎碎念，更不能亲自动手帮忙搞定。但是，在他洗碗的时候，你可以在场帮忙指导。亲子教养教练及作家薇琪·赫夫勒将这种方法称为"胶带教养法"，在孩子学习的时候，父母要想闭住嘴巴，控制住手脚不插手干预，似乎确实需要像胶带这样强有力的工具才能做到。牢记支持自主型教养法，支持孩子，而不是控制孩子。如果他不知道怎么调洗碗机的程序，或者柔顺剂出了问题，你可以在他身边指导一下。而他们自己干活的时候，你就找点能吸引自己的事情来做吧，别像个疯狂的足球教练一样在场边喋喋不休。在孩子没有请教的时候，你就当自己是哑巴，不插手，不提示，也不指正。噢，对，还有最后一点，那就是不要去弥补他的不足。如果你总是跟在孩子身后，将他认为已经很满意的家务重做一遍，即使你是在孩子离开时偷偷做的，他也会察觉到。你是在通过行动对他说他不胜任这件事，这样他以后都会想着事情只要随便一做就好了，反正你会重新做。出于为孩子考虑，也是为你自己，不要这么做。

表扬孩子为完成家务所付出的努力，尤其是在他们真的需要解决问题时，或者是面对一项不顺手的工作时，这种表扬好像是强心剂。当我表扬我的儿子时，我不是表扬他把盘子放进了高高的橱柜，因为这是我对他的基本要求，我表扬的是他在遇到困难时，表现出额外的努力、决心和毅力。

3. 扔掉教养中的棒棒糖

如果你的孩子已经习惯了帮一点忙就会得到奖励，那么要想改变他的想法，就要多付出一些努力。比如，孩子会问你"我做这件事，你给我什么奖励"或"你给我多少钱"这类问题，这个时候你要放弃奖励，做出新的选择。

首先，不要再把奖励当作你的教养工具。如果必须给予奖励，你也要尽量推迟兑现奖励的时间。这样做的目的，是切断奖励与具体工作之间的联系，或者让奖励尽量非物质化。在推迟奖励的时候，年龄小的孩子等待的时间稍短，而年龄大的孩子等待的时间则长得多。总之，你的目的就是拖到让孩子觉得这个奖励跟那个任务没什么关系为止，将他们的关注点转移到内在动力上来。在摆脱物质奖励的过程中，可以跟孩子聊聊做好一件事情的感受是什么。用你的表扬奖励他们，表扬他们为了完成任务所付出的努力和耐心，表扬他们失败了很多次还在坚持尝试，这种情况尤其需要正面肯定。

不同年龄段的孩子能够承担的责任

不同年龄的孩子，能做的事情自然不同，我们需要因时而变。

1. 学龄前儿童的家务责任

对于学龄前的孩子，要将责任感和自豪感灌输给他们，帮助他们了解自己在家庭生活中的角色。这种角色的培养，务必从小开始。即使是注意力短暂的学龄前儿童，凭着一双小手，也可以开始探索他们的能力，并分担家务。在跟年龄小的孩子沟通时，用符合这个年龄段孩子的方式，传达你对他们的期待和要求。凯蒂·赫尔利是一位两个孩子的母亲，也是一位专门研究儿童与青少年心理的治疗师，她告诉我自己是如何让两个孩子帮忙做家务的。

　　我的孩子们年龄还比较小，所以他们能承担的家务和对家务的态度，也会随着时间的推移而发生相应的变化。我在这方面做得比较好的是，我从不对他们唠叨个不停，随着孩子年龄和心理的变化，分配家务也在不断变化。我告诉女儿赖利，她又长大一点了，可以尝试使用专门的木头家具清洁器清洁房间里所有的木制家具了，因此她有了更强的责任感。我让儿子利亚姆使用速易洁（Swiffer）干拖把，顿时他对自己的信心大增。我们有家庭清扫日，全家总动员，完成之后还有有趣的小活动。我会尽量让整个劳动过程轻松一些，不给孩子过大的压力。我的想法是，房子是大家一起生活的地方，我们所有的人都要互相帮忙。他们铺床的方式可能不是我想要的样子，但是不管怎么样，他们把床整理好了，而且有一种小主人的自豪感——这就是双赢。在儿童与青少年心理治疗的经历中，我遇到过很多控制型家长，他们希望孩子做的每一件事都很完美，一旦没有达到要求就唠叨个不停，甚至责罚。这些错误的做法，最终只会让孩子产生反感情绪和焦虑感。

·学步期阶段

有些家长会觉得这个年龄的孩子参与家务未免太早，其实，这是孩子建立家务观念的黄金时期。要让学步期的儿童觉得参与家务是一种特权，甚至是一种游戏，他们能做到的事情，就会超乎你的想象。比如，你可以让他们：

- 把自己的脏衣服放进脏衣篮里。

- 自己穿好易穿的衣服。

- 叠简单的衣服或床单，比如枕套和浴巾等。

- 将自己的衣服放进抽屉里。

- 能按照简单的指令完成某些任务（比如，拿起牙刷，挤牙膏，自己刷牙）。

- 将垃圾放到适当的地方或回收。

- 将玩过的玩具收好。

· 将他们的杯子、碗放在比较低的架子上，让他们自己
取用或放回。

· 喂宠物猫或宠物狗。

· 学龄前阶段

当孩子进入学龄前，你可以教他们做一些更复杂的工作。三
岁到五岁的孩子喜欢数数和分类，那么，在家里可以给他们分派
一些相关的家务，让他们在玩中体验责任感。比如，在书架的某
个地方放五本书，或者在商店里购物的时候，让他们拿五个橘子，
再分别放进购物袋里。这个年龄段的孩子，完全可以很好地完成
以下任务：

· 自己铺床。

· 整理自己的房间。

· 将东西整理分类。

· 给植物浇水。

· 清理自己的餐桌位置。

· 不小心打翻东西，不哭不闹，而是自己去拿毛巾或海

绵清理干净。

· 准备自己的零食。

　　五岁的孩子，已经能够理解并接纳自己行为带来的后果，不过他们要经历过之后才能理解。把自己的面包圈放在茶几上，却被狗狗吃掉了？不要给他一个新的，哪怕他哭得很惨，这样下次他就会记得不能把自己的吃的放在小狗能够得着的地方。看完自己最喜欢的 DVD 之后，忘记把光盘装回盒子里？下次他再想看这部电影的时候，不要帮他在一堆散落的光盘里找，让他自己去找，或者让他接受无法看电影的结果，并且要告诉他无法找到光盘的原因。类似的事还有，不把要洗的衣服放进脏衣篮里，第二天他就不能穿上那件自己最喜欢的运动衫去幼儿园；把自己最喜欢的毛绒玩具落在幼儿园了，晚上睡觉就不能搂着最喜欢的伙伴了。

　　孩子从这些事情中学到的责任和教训，不仅仅是 DVD 或者毛绒玩具那么简单。孩子通过这些事情，学会了如何承担责任，如何做到自主，如何形成习惯。在这个过程中，孩子们是在学着成为有担当的人。如果你总是竭尽所能，把孩子从各种困境中"解救"出来，他们同样也会从中"学到很多"——他们会发现不用依靠

自己也能行，反正搞砸了总会有你来帮他们收拾残局。他们还会
觉得，遇到困难，不用去努力思考解决问题，反正关键时刻你总
会出手搞定一切。

2. 高效能学龄儿童的习惯

孩子上幼儿园之后，他们就能做一些更复杂的工作了，并且
开始形成做家务的固定习惯。在学步期和学龄前培养孩子的习惯，
确实是一个挑战。孩子一旦上了幼儿园，家长就必须为孩子培养
一些日常惯例，把孩子要做的事纳入他们的日常生活，不要想起
来才去要求他们做。只有把孩子要做的事日常化，最终才能转变
成习惯。正如前面所说，一个新习惯的形成有三个要素：提示、
惯例、回报。要想将偶尔的给父母"帮忙"转化成一种习惯，这
个"帮忙"就必须达到一定程度的规律性，才能最终转化成一种
模式，之后固定下来。

比如，把碗盘放进洗碗机里这件事。吃完饭洗盘子的提示，
就是每顿饭之后摆在面前的脏盘子。在这个提示下，孩子的惯例
就是洗完盘子后放进洗碗机，而执行这个惯例的回报，就是完成
任务所带来的成就感和胜任感。回报并不意味着物质酬劳，不代

表要奖励金钱、买玩具或吃大餐，持久的回报应该是完成任务的成就感和胜任感。培养孩子养成习惯的最大好处就是：孩子一旦养成习惯，就不会把做家务当成你的唠叨，而是分内的事，整个家庭也会更加平静和睦。

正如我所说，在坚持不用物质奖励这一原则时，也有一些例外。开始的时候，奖励可以作为启动的助推器，会有增加乐趣和提高积极性的作用。悉尼·泰勒的著作《好人家》里面讲过一个事例。在二十世纪初期住在曼哈顿下东区的一个正统犹太家庭里，五个女儿轮流负责做家务。时间久了，五个女儿都厌烦了打扫客厅。这时，她们的妈妈就在客厅的隐蔽角落藏一些糖果，只有非常认真彻底地打扫才能发现。这下女儿们对这项任务重新点燃了热情，不再抱怨而是争着抢着去做。但妈妈也只是偶尔用这招，用的次数不多，目的只是激发孩子们的积极性，而不是成为孩子们的固定期待。这很明智，也是我们需要牢记的，不要频繁制造惊喜，不然只能起到反效果。

随着孩子的成长，六到十一岁孩子的能力越来越强。他们能够理解事件之间的因果联系。他们知道如果不把衣服放进洗衣篮里，衣服就得不到及时的清洗；不及时喂狗，狗就会很饿。因此，要积极运用孩子的这种理解能力，尽可能让他们参与各种家务劳动，比如：

• 择菜和切菜（早一点教孩子如何安全使用刀具，尽量学习使用刀刃锋利的刀具，因为锋利的刀比钝刀更安全。锋利的刀切割起来会更容易，不会因为只顾用力而发生意外）。

• 洗衣服——全程都可以让他们自己完成，从分类洗涤到最后整理并收纳到衣橱里。给孩子演示一遍之后，在洗衣机和烘干机上再分别贴一张操作流程说明，给他们必要的提醒。

• 更换厕纸。至于厕纸的卷筒往哪个方向转，就让孩子自己决定吧。

• 摆放餐桌椅和清理餐桌。

• 户外工作，比如清扫落叶、清除杂草等。

• 吸尘和拖地。

• 帮忙列日常杂货和食物的采购清单。

3.进入青春期的孩子，更有担当

孩子到了十二岁以上，我实在想不出有哪些家务是他们不能做的。在写本书时，我采访过一些比较有胜任能力的青少年，他们可以做：

· 家庭维修工作，比如：涂漆、换灯泡、简单的轿车维护等。

· 去超市购物（考虑到有的青少年饮食有偏好，妈妈最好给他们列出比较明确的购物清单）。

· 规划和准备比较复杂的饭菜。

· 照顾年幼的弟弟妹妹，教会他们家务职责中应该承担的任务。

· 带宠物狗到宠物医院去打针。

· 清理冰箱。

· 劈柴。

· 清理排水沟里堆积的杂物。

青少年心理学家詹妮弗·哈特斯坦谈到家务职责对青少年的

作用时指出，如果孩子们能将家务职责理解为家庭生活中的基本组成部分，家务职责就能为青少年提供积极有效的机会，让他们从中获得胜任能力，而这正是他们迈向成年所必需的。

　　鼓励孩子做一个有担当、积极参与的家庭成员，这是他们以后人生成功的基础。一个觉得自己可以不劳而获的青少年，长大后往往会成为现实世界中的"无能员工"。相反，一个从小在家里就负有责任（比如干杂活、洗衣服、遛狗等）的孩子，成年后在生活中也能管理好自己的事情。最终，青少年会拥有更健康的自尊，形成更好的自我效能感，更有动力和自尊感迈入成年时期。

　　教孩子懂得为家庭做贡献，依靠自己的力量解决问题，这件事不管什么时候开始，都不算早，也不算晚，做一定好过不做。尽管孩子可能会有这样那样的抗议，但从根本上讲，孩子也渴望在家庭的中扮演有用的角色。让孩子为维护家庭的日常运转贡献自己的力量，这不仅对孩子眼下的状态有帮助，而且将来在进入大学或者步入职场时，在家庭中积累了家务能力和责任感的孩子，会从那些娇生惯养的同龄人中脱颖而出。在别的孩子无助地伫立在那里等着别人告诉他们做什么、怎么做的时候，你的孩子已经知道该如何采取行动，捷足先登，而这份自信和能力，得益于他们曾经在家里、在你身边有过丰富的体验，获得了各种技能和实实在在的胜任能力。

你的孩子曾经有过失败的经验，有过犯错的体会，也有改错的经历，所以作为"初出茅庐"的年轻人，他们不会因这样或那样的小失误而无措或崩溃。不仅如此，那些曾经制造了麻烦的往事，比如，某天你的儿子曾在洗衣服时错把洗洁精当作洗衣液，导致泡沫溢出了洗衣机，这些都将成为家庭的一份美好记忆。它们将会变成回忆中的趣事，穿梭于你们一生当中所有的美好时刻。我们要明白，完美无缺不是凝聚家庭的力量，只有共同拼搏中形成的纽带，才会在漫长蜿蜒的人生之路中历久弥坚。

第6章
孩子之间发生冲突，父母要不要管

忙碌爸爸的故事

我和朋友正坐在遮阳伞下的长椅上，静静地咀嚼着孩子的切达奶酪饼干，不远处，一位爸爸忙碌的身影吸引了我们的注意力。

这位爸爸照看着两个孩子，其中的女儿差不多有六岁，正跟朋友的女儿和另外两个女孩在沙坑里玩。她们玩得很好，但总会有"权力争夺"，为了争夺自己想要的角色，不时发出尖叫声。这位爸爸另外的一个孩子是刚学会走路的幼儿，正在开心地试探着自己的力量和灵活性，在游戏区跟在比他大的孩子后面，不断地爬上滑梯。这位爸爸满头大汗地在儿童游戏区和沙坑之间跑来跑去，想要起到保护之责。

其实，两个孩子自己玩得很开心，但是这位爸爸似乎过于焦虑不安了。不能同时照看两个孩子时，他一会儿跑到这边，一会儿跑到那边，有时干脆把小的孩子夹在臂弯下抱走，惹得孩子尖叫抗议。每次女儿高声说话，或者别的女孩对她大吼时，这位爸爸都会急忙冲过去，帮她们"评理"，安抚情绪，或者用买零食的方式，要她们好好玩。每次有孩子对他的女儿凶的时候，他的眼睛就会扫视人群，看看这是谁家的孩子，以寻求支援。在他向我们这边看时，我朋友明智地看向别处，避开他的眼神。这时，他的小儿子趁爸爸没注意，欢快地跑到滑梯那里。这位爸爸紧张得只能丢下女儿的小麻烦不管，赶紧跑回滑梯管儿子。

我能想象，孩子的游戏时间对这位爸爸来说有多累。至于孩子们，有了这位爸爸的掺和，我也想象不出他们能玩得有多开心。他们似乎很享受游戏中的各种小插曲，但是，就在他们玩在兴头上、玩耍开始呈现出自然的生命力时，总是因为太吵或发生冲突而被制止。这位爸爸的神经绷得太紧。他不知道，其实他对孩子的一举一动看管得越紧，孩子越扫兴，他的过度管教实际上是在破坏孩子们玩耍的真正意义。

从婴儿期开始，孩子睁着眼睛看着我们的脸，回应我们的微笑，通过啼哭来表达湿尿布给他们带来的不适感，他们的社交生活就开始了。学会脱离父母怀抱的孩子，开始探索与其他孩子的关系。此时，他们开始了终身的人际关系学习，了解社交行为准则和人类用以相互传达各种微妙情感的词汇。掌握人类的社交语言，是孩子未来人际关系成功的关键一步。

人类社交语言的基础，很大一部分是在与其他孩子自由玩耍中形成的。心理学家朱迪思·哈里斯在她的《教育迷思》中提到，对孩子性格的塑造，父母的作用远没有小伙伴的作用大，是小伙伴教会孩子如何与他人互动协商，而这样的重要互动，往往始于沙坑玩耍这样的场合。在这些场合中，孩子学会如何合作，如何构建自己的想象世界。

玩耍是人类发育的一个关键，各种游戏也都能各司其职。棋盘游戏，学的是逻辑思维和预先规划能力；搭堡垒，锻炼的是空间感与建筑技能；篮球即兴比赛，让他们学会团队合作。在这些游戏玩耍中，孩子不仅学会交友，最重要的是学到了人际互动的能力。只要成人不去操控或干预，留给孩子足够空间和自由去学习这种语言，孩子一定能在社交的窘境中找到出路。虽然玩耍中会遭遇"敌我之争""断交"，以及小伙伴的不理不睬和各种不顺让他们伤心流泪，但却是孩子迈向成长的关键机会。

让孩子闯荡自己的"江湖"

童年时代的社交冲突，几乎涵盖了人际关系教育的全部内容，即便失败也有其独特的教育意义。孩子们之间的争吵，是值得珍惜的机会，不是需要我们处理的紧急状况。

在游乐场上扬沙子制造麻烦的小女孩，如果每制造一次麻烦就被父母从现场带走，她就不知道如何克制自己的怒火，不知道如何去处理攻击对象的愤怒。更糟糕的是，被带走的她，完全没有机会亲眼看到自己所造成的愤怒和沮丧。本来，她需要一个完整的社交失败体验，需要自己去体会社交中的困惑。被攻击的对象，可能会因为别人往自己脸上扬沙子而发怒，然后通过自己的行为，传达出一套沙坑玩耍该遵守的行为准则。最终，两人的冲突会解决，发生争执的小女孩会和好如初，两人反而会因为冲突变得更亲近、更有智慧。扬沙子确实说明两个孩子之间交流失败，但此时如果家长插手这件事，那么同伴之间的学习就没有机会发生，也无法让沟通失败的孩子获得任何有用的信息。

孩子的同理心，是在观察和倾听他人反应和情绪的过程中形成的。如果不给孩子机会去经历这些不舒服时刻的情感冲击，我们就夺走了他们目睹自身行为如何对他人造成后果和影响的机会。当然，损失一次在沙坑里受教育的机会没有什么大不了，但是，如果这形成了模式，这个孩子就会总在父母的庇护下成长——从沙坑里扬沙子的失控局面，到孩子们之间的各种误解，和青春期反复无常的友谊关系等。等这个孩子长大成人，他就完全不知道如何与其他人交换意见，如何安慰、说服他人，如何据理力争。

心理学家兼亲子教练安德里亚·耐尔对此做了进一步解释：

父母过度的保护，代价就是孩子不能发展自己还击、大胆发言、解决困境的技能。如果父母传达给孩子的信息是：我们随时都在旁边，只要发生争执，就会把你从困境中解救出来，那么孩子就会一直有这样的期待，不愿意主动去寻找解决方案。孩子也就学不到宝贵的沟通技巧，尤其是在争执双方情绪高涨的时候。

父母不插手解决孩子们之间的不和、不动辄解救孩子于困境，并非不负责任的表现，相反，这不仅有利于孩子情感和社交能力的培养，更有利于孩子在将来的学业中取得成就。

哈拉·埃斯特洛夫·马兰诺在她的著作《没用的民族》中指出，在自由玩耍中培养社交互动的能力十分重要。"一个孩子在幼儿园的课间社交行为表现，基本决定了这个孩子在小学会取得什么样的成绩——当然，这个成绩的衡量标准是课堂表现和常识、早期阅读和数学概念等方面。与传统的达标测试相比，孩子与同伴玩耍的能力，对他们将来的学术成就具有更大的指导意义，这个指导意义高达40%。自由玩耍以及在这个过程中所产生的社交互动能力，对孩子的情感和社交成长的意义重大。认为玩耍是毫无意义的浪费时间，这种观点实在是大错特错。"

可悲的是，很多学校对孩子们社交动态的监督和管理，太过严格和死板，以致孩子们没有机会或者自由让他们的课间或午饭时间的小戏剧自然展开，更不要说以其本身的逻辑（有时不合逻辑）结束了。学校摒弃孩子们的自由活动，这是短视的、具有误导性的行为，这意味着孩子们消化在学校所学本领的机会更少了，意味着没有渠道让他们释放在一天中所积蓄的身心的力量。然后，当这些被剥夺了真正课间自由活动的孩子放学回到家里，他们不得不往返于组织周详的活动和计划完备的课堂之间，他们渴望与兄弟姐妹们无拘无束地玩乐和小规模交锋，但他们不得不让这种愿望在心里无声地澎湃。

新西兰的几个学校关注到了研究者们的呼吁，并且发起了响应号召。有八所小学参与了奥克兰理工大学的一项研究，同意取消对学生课间活动的各种规则，并且放宽监督限制，停止对学生自由活动的干涉。结果，这些学校发现，学生中恃强凌弱、违反规定的行为反而减少了，成人的监督显得更加没有必要。不仅如此，学生们在课上时间的注意力和课堂表现也有所改善。

研究人员之一格兰特·斯科菲尔德解释说，通过退出对孩子们自由活动的监督和干预，我们允许孩子"去自己思考，并理清社交互动中的头绪和脉络"。如果我们在孩子的社交生活中横插一脚，他们还被剥夺了另外一个机会：学着如何理顺情感，明确信念，了解个人的局限性。孩子们社交的目的和从中得到的教训，也会随着年龄的增长有所变化，但是，在他们从幼儿到青少年的成长历程中，家长能否正确客观看待孩子们的友谊关系，对孩子至关重要。孩子们的友谊，就是他们形成自己的性格、身份和选择力的机会。孩子们的友谊，也为我们提供了视角和反馈，让我们了解自己的孩子正在朝着什么样的方向发展，将成为什么样的人。

各个年龄段孩子之间的冲突解决办法

1. 两三岁的孩子之间的小摩擦

在幼儿时期，孩子交朋友比较随意，只要年龄差不多，就可以成为朋友。幼儿一起玩耍，不仅让父母更轻松，还能让孩子自己去发现喜欢小伙伴的哪些方面、不喜欢哪些方面。在幼儿与小伙伴玩耍的过程中，父母只需给孩子们提供一个安全的环境，然后站远一点看着就行了。

除非眼看危险就在眼前，否则孩子不想也不需要你来插手他们之间的游戏。即便是还不太会说话的孩子，也会跟自己的伙伴表达自己的意愿，等到会用语言表达，他们就会开始说出自己的观点和喜恶。也许是因为还没有足够的语言去表达自己的失望、喜欢和不喜欢，所以他们会通过手、牙齿甚至脚来表达自己的不满。这都没关系，父母要做的就是"不管教"，不操控孩子们的玩耍，给孩子空间，让孩子有机会学习交朋友。

2. 兄弟姐妹间的打闹

不插手原则，也可用来处理亲兄弟姐妹间的打闹。但是，当孩子们的吵闹达到了我们的忍耐限度时，我们总是忍不住直接干预，希望他们赶紧闭嘴，根本不想去管他们争论的原因。其实，亲兄弟姐妹是孩子在这个世界上最先接触到的朋友、敌人和老师，所以，作为父母，更要放手，让孩子以自己的方式去解决他们之间存在的问题，这一点很重要。美宝贴纸公司创始人之一朱莉·科尔，是一位六个孩子的妈妈，我曾经向她请教过如何处理自己孩子之间的冲突。

　　我家六个孩子的年龄差不多，孩子们的相处中充满了乐趣、关爱和欢笑，但他们之间同时也会经常争吵。事实上，大家都知道，有时候我会称他们为"打闹小团伙"。与其在他们每次争吵的时候都插手，还不如自己找点更好的方式来打发时间。我没有把他们关在一个隔音的房间里，而是一开始就定下了"公平对抗"的基本准则。在这个准则下，他们似乎可以自行解决很多问题。所谓的"公平对抗"就是：每次争吵只能说眼前的事，不能再提过去的事情，更不能骂人。这样做意味着争吵过后，可能不超过五分钟，他们就又能玩在一起了，甚至都不记得刚刚争吵过。"公平对抗"意味着我可以站到一边，让他们自己解决问题，我也不用全职在线地当协调员。

3. 小学孩子的"游戏政治"

　　上小学的孩子，在选择朋友时，更倾向于依照共同的兴趣爱好，而不是就近原则，他们的游戏活动也变得更加复杂。随着孩子独立能力越来越强，灵活性不断提高，他们会自己发明游戏，为他们要征服的假想世界，制定出各种有着复杂而细致规则的冒险活动。这种类型的游戏，是一个重要的学习过程，是孩子们走向自立和自主的开始。这也解释了为什么孩子们总是把超级英雄当偶像，喜欢模仿超级英雄所表现出来的权力、力量和正义感，他们就是为了感受自己在生活中的掌控感。

在这之前，他们习惯了遵守我们制定的规则，但只要迈出父母的势力范围，他们就会发现自主和自律的力量。在探索自己力量的过程中，他们一次次地建造或摧毁个人领域的边界。在游戏中，他们与别的孩子进行着你来我往的"权力斗争"。

当小伙伴的影响力开始占上风时，正是你和孩子讨论同伴压力的好时机，讨论在遇到困窘局面的时候，他们该怎么做。让他们想一想，在哪些情况下，他们必须依靠自己内在的道德指针和判断标准，才能应对同伴压力的危险游戏。

在与其他的几个妈妈谈到孩子的交友状况时，一位妈妈坦言，她最近对自己上小学三年级的女儿选择朋友的能力感到不安。虽然她知道女儿在交朋友过程中确实学到了不少东西，但她担心这些朋友对女儿是否都有好的影响。

最近，我女儿与她们班里的一个女同学玩得特别好，那个女孩本质不坏，但是关于她的传言还是让我有顾虑。那个女孩爱撒谎，是个男生控，而且比较粗鲁。她的家庭状况似乎也很糟糕，这点也让我真的替她难过。我不想完全阻止她们来往，因为我觉得有些孩子能够"改过自新"，而且，这段友谊似乎也教会了我女儿懂得同情他人。她知道那个孩子家里很穷，自从她们成为朋友之后，女儿就一直请求我给那个小女孩买些东西——在这之前，她觉得自己有那些东西是理所应当的。

孩子们并不是天生就知道如何为自己和自己的友谊去辩护，而是通过多年的尝试和失败，才学会管理自己的生活和人际关系。当孩子学会了拒绝，比如有大孩子要求自己扮演医生，而相对小的孩子会说"不"时，他们就为自己奠定了情感基础。总有一天，他能够自信地面对欺凌，或者要求成年人公平地对待他们。

面对孩子们的"游戏政治"，家长需要退后一步，允许游乐场上的小争吵发挥作用，因为正是这些冲突，让孩子们有机会学习如何在欺凌中顽强自处。

强尼在人行道上把另一个小孩推倒了，老师或过度保护的家长在状况得到解决之前，就把强尼或者被推的小孩迅速带走，强尼因而根本没有机会从同伴那里获得反馈。因为没有反馈，强尼失去了建立同理心的机会，也无法理解自己的行动会给同学或朋友带来什么样的影响，也就永远学不会站在别人的角度考虑问题。这样的结果是什么？就是几年之后，坐在教室里环顾四周，也许强尼会发现没有人愿意跟自己玩。而等到老师通知他的家长"孩子的人际交往有问题"时，强尼的社交和情感问题已经变得很棘手了。该为这个结果负责的人，恰恰是曾经插手孩子"游戏政治"的成年人，本来只需要在游戏时光中学到的技能，却因此遗憾地缺失了。

好消息是，只要给孩子时间和没有成年人干预的空间，孩子就会自己学会所需的社交技能。允许孩子犯错，允许孩子激怒别的孩子，允许他们对抗然后和好，他们将学会如何当一个好朋友，也学会如何保护自己，更学会如何对那些让自己感到不舒服的行为说"不"。

研究显示，如果孩子亲眼见证了父母从争论到和好的过程，孩子因争论受到的伤害会大大降低。所以，当孩子体验过与朋友争吵，并最后达成和解时，孩子更能从中受益。当你忙着插手解决沙坑里的争执，或者强行安排女儿与那个惹恼了她的女孩缓和关系时，你就是在阻止事情的自然发展。没有化解的矛盾，比矛盾本身更让孩子焦虑，妨碍孩子与朋友之间和好并消除嫌隙的健康程序。而这个过程，正是巩固友谊，让孩子间的友谊能经受住下一次分歧的考验的重要过程。

4. 请退出中学孩子的社交舞台

孩子进入中学后，友谊的聚焦点，就从共同的兴趣爱好转向社会认同。此时，拉帮结派以及其他的排他性社交处境，都有可能会给这个年纪的孩子带来很大压力。因此，作为家长的重要职责就是，要保证孩子能够持续参加体育、音乐以及其他课外活动，以此连接不同的社交团体。一位来自新泽西的妈妈承认，她的父母曾让她自己决定社交生活，对她当妈妈之后采取支持自主的教养方式有很大影响。

我爸妈让我自己决定交哪些朋友，这是件很棒的事。有时候，我也会感到很受伤，因为当我拒绝和朋友们做同样的事情时，她们就会排挤我。但是，那样的经历让我更坚强，也让我在选择朋友前会先想一想。

　　不要强迫孩子跟谁交朋友、不跟谁交朋友；允许孩子把你的家变成与朋友聚会的舒适场地；跟孩子约定，如果不在家里，必须告诉父母他在哪里。做到这些，也就足够了。身为父母，我们应该知道孩子的社交生活在不断扩展，但在孩子被伙伴孤立时，不要试图去干涉。我们可以对孩子的伤心表示理解，但是不要试图伸出控制之手，去摆平超出你控制范围的局面。我知道，看着自己的孩子不会交朋友或者不能化解分歧，父母确实很焦虑，也很心疼，但记住，这些都是孩子必须经历的考验，也是成长过程中的必修课。

　　有很多孩子上了中学后，不知道怎么应对各种社交场合。但比起孩子受到的挫败感，那些替孩子掐架、孩子之间一发生冲突就反应过激的家长，给孩子的社交能力的成长带来的打击更大。如果家长对孩子日常的社交互动反应过激，动辄将其定义为"欺负人"或"被人欺负"，那么，孩子永远也学不会在遭到别人攻击时，如何象征性地还手并争取对方的尊重。在今天的校园生活中，恃强凌弱现象确实是一个真实存在而又令人担忧的事实。但是，就在我们试图制止欺凌事件发展到危险境地的过程中，老师和家长对青少年社交场合中出现的普通社交和情感的波澜，难免会做出过度反应，反而会不经意间让孩子戴上"受害者"的心理枷锁。

一位高中老师对我说了一件事：

最近，我的一个学生与一些同学意见不合，成了班上几个同学的出气筒。其实，当矛盾进一步恶化，其他几个同学的行为上升到欺凌的恶劣行径时，学校会全力以赴确保这个女孩的安全。然而，由于这个学生的家长对欺凌的定义过于敏感和警觉，导致这个学生也是如此，甚至老师都被迫参与其中。现在，整个班级活动都在围绕那个学生的需求展开，从怎么排座位，到课间休息老师的监管。这个学生的妈妈每天都要给相关教师和管理人员发电子邮件，并列举她女儿向她汇报的各种情况，包括恶意的眼神、窃窃私语、想象中的蔑视等。最后，整个班级的正常社交活动都无法进行，班级没有了凝聚力。更糟糕的是，那个学生演变成把所有让她不舒服的社交互动，都看作对她的欺凌。我真为这个孩子感到悲哀。虽然她的父母是出于好意，但由于他们对孩子的社交互动管得太多，又想得太多，最终摧毁了女儿的社交自信，让她认为自己就是一个软弱无助的受害者。

作为成年人，我们也会面临各种霸凌：刻薄的老板、阴险的对手、嫉妒的同事等。成年人的世界从来都不容易，而如何面对这些不易，则是你的孩子在童年时期就要学习的——童年时期的失败，只是意味着一两天的伤心或者社交排斥，但决定了将来他成为什么样的人，是不堪一击的弱者，还是有强大自我的勇者。

随着孩子一天天长大，朋友对孩子身份认同的影响越来越重要。当发现孩子身边有"坏朋友"的时候，也许你会忍不住"插手管一管"。但是，在开口对孩子的朋友说三道四之前，你要记住：决定何时及如何交朋友、维持友谊，这是孩子不可错过的教育。也许，有些朋友让你的孩子捉摸不透，但这也正是吸引你家孩子的地方；也许，某个女孩的穿着打扮让你很不舒服，一身黑衣服，指甲全部涂成绿色，但她有着你的孩子想努力学到的才能或者社交技巧；也许，你的孩子交不同的朋友，只不过是想试探自己的包容限度，哪些东西会令他不舒服，哪些是他的世界里容不下的。不管孩子那些古里古怪、五花八门的朋友让你觉得多不放心，我们要做到的一点是：不要插手孩子的社交选择，尤其是在青春期阶段。

也许在你看来，孩子交的那个朋友简直糟透了，而你的孩子或许正在从中学着练习获得同理心，学着如何与背景和目标不同的人相处。这些社交技能的重要性，远远超乎你的想象。等孩子进入大学之后，他才能适应更宽广、更多样化及更具有挑战性的社交场合。

在商业领域，阅人能力是一种备受青睐的特质，尤其是女性。被称为"变色龙"的人也都是"自我调节的高手"，他们能很好地调节自己，轻易融入新的工作环境中，更能让其他人接受自己的想法。在销售领域，这些"变色龙"能通过细微的模仿与他人建立联络，在业绩上脱颖而出。在企业界，善于模仿并针对不同人群调整自己行为的人，是最好的谈判专家。

所以，当你儿子放学回家，如果带回了一群让你受不了的伙伴，他们与你儿子以前交往的孩子大不一样。这时，你大可以把眼前这群戴着耳饰、文了身、肤色各异、染了头发、说话带口音的孩子看作哈佛大学商学院举行的一场极具教育意义的研讨会。在未来的生活中，如果你的孩子只和特定的几个人交往，他永远也无法包容差异，无法形成同理心，也不能明白如何与有着不同视角、世界观或者来自不同民族的人进行交涉和理论。把你的微笑和不妄加判断，当作对孩子教育的一种投资，请你退出他们的舞台，让孩子自己弄清楚，他喜欢什么样的人、不喜欢什么样的人。

5. 青春期的社会焦虑带给我们的启示

不插手孩子的世界，是会看到切实的回报的。等到孩子长成青少年，你会很高兴自己一直坚持不插手干预孩子的社交生活，因为，这时你的孩子已经历练出了很棒的交涉能力和自主意识。

但和以往各阶段不同的是，从少年儿童长成青少年后，各种想象的危机都可能变成真正的危机。害怕孩子会走上歧途，家长们心里肯定会忍不住问：什么时候是介入孩子的时机。你向不同的人询问，会得到不同的答案，从"五分钟之前"到"永远不要"。为了保护孩子的自主性，我一直坚信自己的孩子，但是出于好奇，我曾经就这个问题问过一组十五岁的孩子。绝大多数孩子认为，如果父母窥探孩子的隐私是有理由的，那么这么做就是合理的。例如，有人告诉你：你的孩子正在做危险的事情。在与这些孩子交谈的过程中，我很惊讶于他们的态度，他们中没有一个人说：

父母永远不能窥探孩子的世界。

其中有一个孩子这么跟我说：

　　除非父母是控制狂或者过度保护型，否则他们应该知道是否可以信赖自己的孩子，当然，这也要视孩子的具体情况而定。如果孩子的品质基本上是好的，就让他们自己来决定交什么样的朋友。而且，即使一开始在学坏，父母也要给他们一点空间。有时，我们孩子也需要做一些蠢事，才能明白那不是自己想走的那条路。所以，给他们一点空间吧。

至于父母可以让孩子沿着那条迈向危险的道路靠近到什么程度，孩子们的意见不一，但是他们一致认同：父母对孩子的社交生活管得越多，孩子越可能欺骗父母。

"我的朋友里，爸妈比较严厉的人，会比那些爸妈让他们拥有一些自由的人更爱撒谎。"

"对，就拿我的一位朋友来说，他爸妈以为他很完美，让他做什么他就做什么。其实他对父母从不说真话，即使是没必要说谎的事情，他也不说实话。"

在场的孩子都点头表示赞同。

青少年心理学家詹妮弗·哈特斯坦特别强调，关于青春期孩子的人际关系，最重要的是找对方法支持他们，而不是控制他们。

从很多方面来看，青春期的友谊是最不稳定的。青少年正在学习了解自己是谁、自己想要什么，以及如何与同样也在学习这些的朋友们保持平衡。鼓励青春期的孩子有效处理人际问题，具有重要的意义，因为即将迈出家门的他们，需要在生活中的许多方面做到这一点。可对父母来说，这无疑是一个挑战，眼睁睁看着自己的孩子陷入痛苦或挣扎中，确实不好受，而且，同时还要担心孩子会受到朋友的不良影响。但我们要做的，是成为孩子的向导，为孩子解决问题提供一个安全的港湾，而不要做问题的解决者。当你的孩子自己直接面对并解决了与伙伴之间的问题时，当他在这个过程中知道了什么是有效的解决方法、什么又是不奏效的时，他就会从中收获力量，从而以更充分的准备，去迎接成年生活带给给他的各种挑战。

在这个阶段，孩子会选错朋友，会有不愉快的友谊经历，但这些犯错的经历，正是他们将来分辨人际关系的必备经验。也许要做到哈特斯坦提出的标准很难，但当孩子们成长为独立、无畏、勇敢的年轻人，当他们学会交朋友并真的结交到值得一生信赖的伙伴时，当他们明白自己需要从友谊中获得什么时，这一切的成果都值得父母的自我克制和耐心等待。

我知道，一旦孩子进入青春期，人际关系上的风险也就增加了。受荷尔蒙支配的青春期如同脱缰的野马，青少年会面临毒品、酒精、酒驾、饮食失调等危险带来的创伤，这远远超过他们小学三年级时会遭遇到的糟糕的人际关系。话虽如此，还是有一些方法和途径可以保证孩子的安全和情感健康的。

如果因为某些新朋友，孩子出现一些令你不安的变化，就和孩子谈一谈，了解一下他的新朋友。"你喜欢迈克的哪些方面？你们在一起喜欢做些什么？最近你似乎跟迈克在一起的时间比较多，他什么地方那么有趣？"即使这个迈克挑战了你的最后一根神经，你也要更多地邀请迈克来家里，而不是更少，这样，你才能近距离观察你家孩子。务必让你的孩子知道，你也很欢迎迈克来家里玩，但你对他在家里的要求，不会因为他朋友的到来而发生改变。

如果违反了原则，你就会跟平常一样"照章办事"，让他负责后果。迈克如果不喜欢你家里的原则，他可以选择离开。记住，你的孩子还是你的孩子，家里的规矩适用于你邀请的每一个人。

把问题小孩邀请到你家来，这样你就有机会了解你要"应对"的是什么样的人物。最乐观的情况就是，你发现儿子的朋友其实人很不错，对你儿子以及他们之间的友谊都很真诚。最糟糕的情况就是，你的猜测得到了证实，那确实是个危险分子。除了允许孩子带朋友回家，你还可以主动提议接送你儿子和他的朋友。在开车出行的路途中，能听到孩子毫无防备的谈话，听听他们在聊什么，也可以借助后视镜观察一下，还可以利用一些机会结识孩子朋友们的家长。也许你会发现，这些孩子的家长对自己的孩子并没有抱太大期望，甚至破罐破摔，或者，你会发现跟你有着同样教养观的一些家长，你们一拍即合。最后请记住的是，无论你看到了什么，你都没有权利去改变别人的孩子，你只能对自己的孩子提出明确要求。

不要说教，哪怕你说的内容是正确的。孩子，尤其是青春期的孩子，会在你开始长篇大论的那一刻选择性"失聪"。如果你与孩子之间的交流偏重于说教，你就必须改变自己的风格，因为你无法勉强孩子去听，更无法指望效果。

当然，不说教不意味着不交流。你可以问一个开放性的问题，然后倾听。"凯文看起来跟你以前交的那些朋友不一样，你们是如何成为好朋友的？"一个没有评判和威胁性的开场白，更容易打开进一步交流的大门。

如果你想聊的主题是不安全行为，那就只讨论安全性问题，不要把矛头直指孩子的朋友，或对孩子的朋友品头论足。因为，一旦孩子感到自己的朋友受到了攻击，他们会本能地立刻捍卫他们的友谊，才不会考虑你的话出于什么用意。所以，你最好就事论事，不要进行人格诽谤。

青少年很看重对朋友的忠诚，他们会第一时间为自己朋友的行为辩护，哪怕是那些连他们自己都感到不妥的行为。你要关注的是自己孩子的行为，如果他在危险情境下做出了机智的回应，一定要对他的判断力和勇气给予表扬，比如："你知道，上周那个派对上，大家都会喝酒，所以你拒绝去参加那个派对，我为你的这个决定感到自豪，它体现了你的机智。"这样的一句夸奖，既表扬了他的人品，也肯定了他的成熟和理智。

"小心点儿"和"玩得开心"的差异

有一次，我跟一位比我年长的妈妈吐槽，说让孩子独自外出时很担忧。她听了我的话之后，跟我分享了一段很精彩的话：

> 有一次，我十几岁的儿子要出门，他没告诉我他要去哪里。于是，我跟往常一样，在他出门的时候跟在后面嘱咐："小心点儿。"正在这时，我听见身后的丈夫补上一句："玩得开心。"就在那一刻，也是第一次，我发现了自己和丈夫之间育儿观念的差异。我儿子是一个很谨慎的孩子，所以不管我嘱不嘱咐，都不会对他的活动产生什么奇幻般的作用。因此，我的嘱咐在他听来就是，我不相信他会小心谨慎，而他的爸爸则对他有信心。于是，从那以后，在儿子和他的朋友出门时，我再也没有说"小心点儿"这句话。

当我们放手把孩子放到家以外的世界时，我们需要更加信任他们。而当他们用行动证明自己值得我们信任时，我们需要及时找出他们做得对的事情，并予以赞扬。这可能需要你转变思维模式，留心观察他们的判断力、良好品格和强韧恢复力，让他们知道，你把这些看得比什么都重要。一定要让他们知道，在某些事情发展到不可控的局面，他们面临着危险和威胁时，你一定会毫不犹豫地出手相助。

不要急着质问他到底为什么会在初中生舞会上吸烟，或者怎么会坐在酒驾司机的车上，对于已经发生的事不要急着苛责。等到他们真的安全了，并好好地睡一觉后，再询问事情的具体经过和其中的缘由。判断能力不足是成长的一部分，如果孩子还能想到向你寻求帮助，说明了一个事实：他们对你的尊重和信任，足以让他们有勇气对不安全的环境说"不"。现在，不要辜负孩子对你的信任，帮助孩子想清楚如何避免类似的情况再次发生。

教育孩子的同时，别忘了给孩子做个榜样，展示什么才是积极互利的友谊。跟孩子谈谈什么才是好朋友，告诉他们为什么你觉得好的朋友会对生活产生好的影响。问一问孩子，他们觉得自己在朋友的心中是什么形象。在你紧盯着你孩子生活中的那几个

"有毒的坏分子"之前，你要先把自己生活中的这号人物拔除掉，因为你以身作则的榜样，会比你说出的话更让他们明白什么是健康的关系。

当然，不是所有情况都能如你所愿。当所有小心翼翼的沟通和计划都无效时，你孩子的交友关系依然堪忧时，就该采取干预措施了。但在开口前，首先想想你干预的目的，是真的关心孩子的安全，还是你只是在寻找证据，以抨击那些你觉得会带坏自己孩子的"坏伙伴"。如果是后者，你仍要后退一步，别插手，继续停留在孩子的领地之外。

给孩子时间和空间，让他们探索自己的领地

在你开始打探孩子隐私、破坏孩子对你的信任之前，先试试下面几个方法：

· 跟其他大人谈谈，比如，老师、校方管理人员、学校指导员。弄清楚你认为的这个"问题孩子"是否真的是一个

影响恶劣的人。

• 与这个孩子的家长见个面，向对方说明你的担忧。确认他们也知道你在家给孩子立的规矩，了解下他们是否关心孩子的健康和安全，但别指手画脚。

• 与你的孩子聊一聊你亲眼所见的行为或让你紧张的传闻。多问问题，少说结论性语言。在这个过程中，再一次澄清你对很多事情（比如毒品和酒精）的态度和要求。

• 如果事实已经很清楚，那个孩子确实给你的孩子带来了不好的影响，而且这些都有确凿的证据，而不是来自你的恐惧和猜忌，那么，你可以限制孩子与这个朋友交往的时间。同时，你要记住，这是存在一定风险性的，可能会造成孩子有低触心理，你的孩子对你干预他社交生活的企图的反应可能会很差。

• 为你的孩子找一些更安全、更健康的事情来做。如果你给孩子安排一些喜欢的事情，他就会与那个问题孩子慢慢疏远。

如果这样做后，你还是担心，而且你确信你就是为自己孩子的健康和安全考虑，那么，如果孩子出现下面列举的一些情况，我们就可以进一步打探孩子的情况了：

· 孩子在行为、性格、体重、睡眠习惯或者总体健康方面突然发生了巨大变化。

· 孩子的沟通方式发生了明显改变。比如，以前孩子很愿意跟你沟通，最近突然不这么做了。或者正相反，你的孩子向来不爱说话，突然总是刻意跟你搭话。如果是这样，你一定要认真倾听。

· 你发现了孩子涉及危险事情的证据，比如使用毒品或酒精的证据（吸毒用具，或者醉酒和亢奋的迹象）。

· 学习成绩反常，学习习惯发生变化。

· 有具体证据支持你怀疑孩子的朋友会带来不良影响。

如果上述某种情况发生在你家里，你可以仔细查看你孩子的房间、社交圈子。洛尼·库姆斯是一位检察官、作家、母亲，她支持家长遵从"平面侦查原则"，对孩子进行必要的侦查：

那些被孩子摆在明面上的东西，是你获取有用信息的一个来源，而检查这类物品，不算对信任的一种践踏。在刑法中，这种对目光所及范围内的物品进行侦查的行为叫作"平面侦查原则"。也就是说，警察在有权进入的地点内，有权对目光所及范围内的物品进行检查。按照这个原则，作为孩子的家长，也是家里的主人，如果你进入孩子的房间清扫卫生或者收拾脏衣服，看到了有些摆在明面上的物品，而且对此物品有合理的怀疑，你就可以打开查看。

在决定打开查看之前，你先要进行一定的心理建设，想一想如果真的发现了什么，你打算如何处置。如果这些证据证明你的孩子或者他的朋友正处于危险中，你当然要马上行动。如果这些证据显示这并不是什么生死攸关的大事，你可以暂时不做处理，给孩子一些时间，也许他将会向你坦白。况且，有些证据也许会让你误解孩子生活中的真实情况。家长要学会利用这些信息来指导你的教养方式，而不是把这些信息当作"讨伐"孩子的武器储备库。

如果孩子遇到了麻烦，或者濒临某些危险行为的边缘，比如滥用药物、抑郁、不良饮食，或者青春期可能会遇到的任何陷阱，记住，家长有权利和义务与孩子站在一起，帮助孩子应对困境。将自主、爱、支持仍然摆在首要位置，确保孩子与父母的感情不疏远，这样也不会失去将孩子从危险中挽救出来的机会。在最初发现滥用药品、滥用酒精、饮食失调、自虐等迹象时，家长要先寻求专业援助，而不是自行处理。

最重要的是，别轻易承诺孩子，别轻易保证你能改善他的问题、社交状况或其他情形。有些问题也许真的超出了你的能力，所以，要让孩子明白，不是什么情况下父母都可以"魔杖"一挥，问题就迎刃而解。幸运的是，如果父母好好尽责，孩子将更有勇气和能力去面对。

尽管在我自己的成长过程中，很渴望像《绿山墙的安妮》里的安妮那样长大，有一个像戴安娜·巴里那样长着栗色头发、志同道合的好朋友，但是，现实并不是那样。我与邻居的小伙伴们之间的友谊更具"江湖"趣味，有着孩童之间的复杂性和各种"恩怨"。我们曾是彼此幸运的"囚徒"，总是形影不离，我也曾经迂回辗转缔结条约，在彼此的舒适区之间划出分界线。

这就是童年。那条在激烈竞争中被推来搡去的分界线上，承载着无数胜利的欢呼和失败的沮丧。这些不仅仅诠释了童年时代的"领土边界"，还塑造了孩子们未来的人格。我们需要给孩子们时间和空间，让他们去探索自己的领地。

第7章

课外竞争

我们的孩子已经承载了太多不必要的负担

不管什么时候，家长们聚在一起，总能很快找到一个共同话题——孩子。最近，我和几个朋友一起吃早餐时，也没能免俗。新学年刚开始，话题的内容就已经聊到了秋季运动会。大家聊到现在学校的各种活动竞争太激烈，比如每次运动会，教练只会颁发数量很少的奖杯，家长们都希望自己的孩子能拿到，于是，一些家长在场外朝着正在场地上比赛的孩子大声尖叫。大家聊天的语气，从开始的愤愤不平到最后转为伤感无奈，这个转变让我有点意外。最后，我终于明白，在这样一个竞争激烈的时代，谁才是真正的失意者：孩子，本来只应单纯开心的。

一起吃早餐的一位妈妈道出了她的苦衷：

小时候我很喜欢运动，感觉自己在体育运动中找到了自我。所以，当我终于说服自己的女儿去尝试运动时，我很兴奋，以为她也能在运动中有自我认同。结果是，女儿并没能在运动中发现乐趣、得到锻炼和找到身份认同，相反，她发现自己是一个被抛下的落后者。即便只是娱乐性的比赛，教练为了整个团队的成绩，也不愿意辅导她，更不愿意让孩子上场参与。后来，我们去报了体操课，但是，发现来这里的孩子，都是从幼儿时期就开始训练的，女儿同样也跟不上。本来她想试试不同的项目，看看自己喜欢什么，可是每个项目的气氛都那么严肃，竞争都那么激烈，以至到现在，她什么也没能尝试成功。更令人沮丧的是，她现在才九岁，难道九岁不正是孩子可以尝试各种运动项目，寻找自己爱好的时候吗？

说完这番话的时候，这位妈妈眼睛里噙满了泪水，整个房间陷入了沉默。没人能给她提供合适的建议，而且每个人都知道，现实就是如此。另一位妈妈表示赞同："现实确实让人很沮丧，我的初衷只是想让我的孩子多多尝试，了解一些运动或舞蹈的基本知识，并从中得到快乐。但是现在各种体制的运转绷得太紧，以至你不得不去跟风，否则就很难融入其中。"

在我们社区里，只有八九岁的孩子，大多数已经专门参加某个兴趣班好几年了。更甚的是，当地的室内足球联盟，初级班是从三岁的幼儿开始的，叫作"调皮小鬼"联盟。

各种兴趣班，兴趣的色彩已经不在。对于许多孩子和家长来说，相较于乐趣和锻炼意义，各类体育运动更多的是为各种考试做打算。简单的娱乐比赛竞争，已经变得非常激烈，难怪孩子们压力那么大，而在巨大压力下上各种兴趣班，也日趋幼龄化。

只要待在"场外"加油

作家、印第安纳州急诊学医生路易斯·普罗费塔表示，不能理解为什么我们给孩子施加那么大的压力，并牺牲了那么多曾经定义为家庭时光的时间。

　　一路走来，不知在何处，我们被扰乱了心绪，偏离了航线。晚上，我们不再像曾经那样，全家人围坐在餐桌旁，快乐地分享烤鸡、土豆泥、沙拉，取而代之的是一场升级版的4×200的接力赛：孩子就像接力棒一样，被我们从棒球练习课极速运送到啦啦队演练课，然后是游泳课，最后又送到私人教练的手里。从5点到6点，从6点到7点，从7点到8点，我们奔跑在一个接一个的"小时区间"里，我们成了"小时"的一代，把家人的灵魂变卖给了一场演练。

　　为了兴趣而培养兴趣的价值观，已经被功利性的目的淹没，家庭时光被摧毁，不同年龄的孩子们承载了太多不必要的负担。心理学家理查德·韦斯伯德在《我们的梦想家长：出于好意的成年人如何妨碍了孩子们的道德和情感发育》一书中，讲述了孩子们如何在体育运动中培养同理心，学会欣赏他人：

　　　竞技体育对孩子们来说是一种挑战性的项目，在挑战中虽然双方看起来针锋相对，但最终他们能学会欣赏对手的技能；学会发现较弱队友的优点，哪怕他们影响到了整个团队参加季后赛的机会；学会站在教练的角度看待问题，至少赛后是这样，虽然他在关键时刻做出了错误的判断。这是一种难能可贵的道德品质，久而久之，它将有助于培养孩子们宽容大度的品格，使他们学会不只是考虑自己的感受，让他们有容人之量，同等客观地看待他人的观点和需求。

除此之外，类似体育运动这样的各种课外活动，还能促进亲子关系，让家长与孩子有更多的相处时机。现在，很多亲子活动会有大量开车出行的机会。在轻松愉快的驾车氛围中，孩子们更愿意与家长探讨一些比较难于开口的话题，展开一些最真诚、最不设防的话题。这是一个倾听孩子吐露失落、疲惫、热爱或者反感等各种内心感受的机会，更是一个宝贵的教养孩子的时机。

跟孩子一起享受乐趣（比如看他们打比赛），不要为孩子们表现不佳而显得过于焦虑。待在"场外"，看着孩子在赛场上努力，至于失败还是成功，这并不重要，重要的是你要一直在场外为他们鼓劲，跟孩子一起享受这种美好。让教练指挥你的孩子和他的队友，当孩子上场比赛时，就让教练当他的教练、裁判做他的裁判，你就在场外做家长。

压力山大的家长们

心理学家温迪·格罗尔尼克提到，现在的家长对教养有一种现象，称为"压力很大的家长现象"，也叫 PPP 现象（Pressured Parents Phenomenon）。

PPP 现象是一种出于本能的焦虑反应。当我们的孩子所面临的学业、体育、社交、艺术等方面的竞争日益激烈时，我们的"生理逻辑控制电路"就会启动，从而引发这种焦虑反应。这是一种发自内心的巨大压力，大到会使我们坐立不安。直到我们感到自己的孩子有了百分百的保障——已经被某所极具吸引力的学校录取，或者已经获得学校管弦乐队的一个席位，或者已经加入了大学校级运动队——我们才能淡定下来。

格罗尔尼克解释说，这是一种完全发自自然的情感，其所带来的问题在于"它疏远了我们和孩子之间的关系——这个结果正好与我们的愿望背道而驰。有趣的是，没有压力反倒有助于我们与孩子之间保持亲密关系，促进他们成功"。然而，当我们看到自己的孩子承受压力时，哪怕只是回击一个高飞球，我们的"战斗或逃跑"反应就会被启动。也许你的大脑告诉你，孩子并没有什么危险，但是我们的身体仍会呈现出高度警觉的姿态，我们的皮质醇水平仍会飙升。一旦PPP现象启动，家长们的压力荷尔蒙就会开始起作用，因而，安静下来谈笑风生，或者在失败中吸取经验则变得太难做到了。PPP现象的出现是个危险的信号，它会升级我们的情绪反应，加重我们的危机感。

管教与竞争是个糟糕的组合

管教与竞争混在一起，实在是个再糟糕不过的组合，尤其是当家长让自家的几个孩子之间形成竞争模式时。丹尼尔·平克在他的《驱动力》这本书中主张，工作团队应该是一个"非竞争"

区域。"让同事之间相互竞争，以此来激发他们提高自己的业绩，这种做法几乎就是徒劳——而且往往会损伤员工们的内在动力。"在家庭范围内，就像在办公室和教室里一样，没有竞争压力的情境下，运转效果反而最好。

竞争会导致过度管教，即便竞争的目的不是什么奖杯或者奖学金，仅仅是为了获得认可，也会导致这样的后果。

在一项研究中，实验者邀请一些亲子组合（妈妈和孩子）完成一份名为"关于我"的问卷调查。这些亲子组合被分成两队，其中一队被告知这个问卷调查只是一个趣味活动，而另一队的妈妈们被告知，将会有另外一组孩子来与他们见面，根据她们的孩子所填的表格为他们评级。第一队的妈妈们因为心里没有她们的孩子将被评估的压力，只是坐在一边，看着孩子自己填写表格；而另外一组认为孩子将要被评估的妈妈们，不断地左右孩子们的答案，让孩子填写有助于提升形象和受欢迎程度的答案。

导致那些妈妈过度管教的原因，无非是孩子将会被评价、被与别的孩子做比较的想法。现在想象一下,同样是这一队亲子组合,五六年之后,在一场大型足球展示巡回赛上,妈妈们坐在场外看着教练们当场根据孩子的能力记录招募成绩。大学录取名额、奖学金、体育事业,这些都在成与不成之间摇摆。此时,竞争地狱的大门就会顺理成章地敞开,这些家长的焦虑会喷涌而出,以各种形式表现在她们对待教练、其他家长、运动员,甚至对自己的孩子的态度和方式上。

同样,奖杯、奖章、奖学金就像诱饵一样在孩子们的眼前晃来晃去,让他们在运动中、在争夺中不断地拼拼拼。即使是团体运动,在这样的氛围下,也不大可能培养出合作精神,相反,还会加剧竞争和焦虑,破坏孩子们的内在动力。我们已经了解,在学习和社交方面,家长用奖赏换取孩子们的乖表现时,会扼杀孩子的内源动机,同样道理,奖赏行为也会打消孩子们参加运动和其他娱乐活动的积极性。

我不是建议大家完全取消竞争和奖励,而是想证明,即便是给每一个上场参与的孩子都分发奖品,也会对孩子的自我价值感造成不利影响。不能让过激的竞争驱动力伤害孩子的运动精神、临场表现和内在动力,家长需要在这之间找到恰到好处的折中办法。

　　我请教过曾经两次荣获奥运奖牌的自由滑雪运动员汉纳·克尔尼，请她谈一谈，什么样的家长称得上是理想的支持自主型的家长。

　　在运动场外，你从来都听不到支持自主型家长们咆哮的声音。赛后他们就会在那里，当令人心碎的事情发生时，他们也会在那里，默默坚强地支持着。孩子也许会从队伍里裁掉，也许会受伤，运动场上这类心碎的事情时有发生。但支持自主型家长会在这种令人心碎的事情发生之后默默地倾听，并帮助他们的孩子在心碎的残局中找到积极的元素。

　　我的父母在我十岁时，用一条足球短裤贿赂我，让我坚持参加第一周的锻炼，但我印象最深刻的，是第一个进球对我的鼓舞作用。从那以后，我就专心投入了体育运动，而我的父母就一直为我守候在那里。我的爸爸和妈妈为了我的滑雪事业和我弟弟的曲棍球事业倾尽所有，奉献着一切。他们会在练习时为我拿着音箱，让我在完成规定动作和编排动作时，都能听到我喜欢的音乐；他们还会为我从课本上誊写题目，方便我能在旅行的路上完成作业。他们很支持我,但从来不会强迫我。当孩子找到自己喜爱的运动之后,怎么向前走,就要由孩子自己来决定,否则对每个人来说都是一场灾难。

第8章

帮助，不代替

"你真的是中学老师吗？"

经常有人带着一脸的同情问我，同时脸部肌肉还极不自然地抽动，似乎在说"你真不幸"。

没错，初中生很难"对付"。他们就像还没有完成蜕变的蛹，充满好奇心但又容易冲动，活泼善变而让人抓狂。这些矛盾的特点，恰恰是他们重要的导航工具，可以帮助而不是代替他们从初中这段让人摸不透的水域，安全摆渡而过，从而更加靠近成熟。

处于这个阶段的青少年，发育特征个体差异很大。有些身体发育超前的孩子，看起来和成年人无异，但从大脑发育的角度讲，他们仍然是孩子。因此，在我们等着他们的神经发育追上体格发育时，身为父母和老师要记住一点：不管教，并保持耐心。这个阶段的孩子，正在期盼着挑战的到来，等待可以实现自主、为自己行为负责的机会。面对可以在更大范围内驾驭自己生活的权利，他们会很兴奋。

也许在初中头几个月的时间里，我们都不得不看着他们把皱皱巴巴的试卷一股脑地塞进储物柜，或者需要帮他们捡起活页夹里散落的东西，不断地教他们如何记住英语课之后上什么课、科学课要带哪些资料。一位妈妈说了自己孩子初中生活的混乱状态："每次把两手伸进他的书包，我都会打怵，我不知道里面会装些什么。其实连他自己也不知道。"

学着制订计划，解决"书包里面有什么"的难题，需要家长坚持"不管教"的原则，给孩子体验的机会。当然我们也会犹豫，担心他们经验有限，担心他们的时间不够，来不及让他们为将来更加复杂的生活做准备。不管怎样，时间会教会他们一切，那个经常迟到、做事毛毛躁躁的男孩，总有一天能够学会管理自己的生活。

因此，我们要选择相信他们。尽管他们在组织、计划、时间管理、焦点切换等方面，最开始还没有这个能力，但他们终将会到达那一站。

帮助孩子掌握执行力

初中阶段的孩子，通常不会像小学时期那么听话，经常会出现迟交作业、忘记作业、丢失课本等现象。最根本的原因其实就是心理学家们所说的执行力不完善。执行力，是为了实现某个目标而管理时间、资源和注意力的一系列技能和心智流程。孩子们需要足够的经历去培养这些执行力，才能经受住以后人生中的种种考验。

培养执行力的速度因人而异。有的孩子学得比较快，有的孩子要等到高中甚至更大一点才能掌握。习惯于依赖父母的帮助和没有足够机会体验的孩子，在学习执行力的技能时，也会落后于他人。只有让孩子在自己的错误中感受疼痛和不便，让他们努力修补漏洞，自己去尝试，去失败，去受点打击，并且去补救，然后再去尝试，这样反复循环，他们最终才能收获能力。

不止一次忘带午饭？因为某次把作业落在了橱柜上被老师记

了零分？这些事情你都不要插手，要让孩子自己尝尝后果，这会
推动孩子主动提高自己的执行力技巧。让孩子亲尝苦果所起到的
激励作用，要远远大于你的苦口婆心和长篇大论。父母的每一次
插手或营救，都会扼杀孩子的一次学习机会。失败经历中的每一
分钟煎熬，失败中的每一个学习机会，都是我们的孩子需要的。
初中后转眼就是高中和大学，在那里，有更大的挑战和更加沉重
的后果等着他们，所以，在这之前，我们要给他们拥有失败的权利。

在等待孩子的大脑慢慢发育的过程中，在孩子摸索自己的解
决方案和遭遇失败的过程中，身为家长，要做的是学习如何支持
孩子，如何帮助他们培养执行力需要的技能和习惯。

修炼自控力，学会自我控制

某个春光明媚的日子，我正在为英语课备课时，全班的
同学都回到了自己的座位上。这时，我感到有东西从我的头
上嗖的一下飞了过去，砸在了我身后的白板上。我转过身，
试图弄明白自己怎么会成为袭击的对象。我发现，原来是有

人朝我这边扔了一支自动铅笔。我看了看所有的同学，一眼就看出谁是罪犯。他睁着圆圆的眼睛，张大着嘴巴，正努力躲闪着我的视线。下课后，我把他叫到一边，问他当时在想什么。

"呃，我不是冲着你的头扔过去的，"他支吾着，"我对准的是资源回收筒。"

"但是，自动铅笔是不用回收的啊……我们再往回想一想，在你冲我扔铅笔之前，你在想什么？"

他低头盯着自己的脚，胡乱地在地上瞎搓着。"没想什么。"他抬起头看着我，又耸了耸肩膀，"我不知道自己会把铅笔扔出去，直到铅笔飞出去时我才明白发生了什么。但那时，已经太晚了。"

这是一个诚实的答案。要帮助孩子克服自己的冲动行为，关键在于教会他们了解自己的行为模式，以及这些行为发生之前的惯用肢体语言。我们要在这些孩子扔出铅笔或纸飞机之前，指出他们抖腿和搓弄手指的行为，并教会他们认清，这些都是问题行为爆发的先兆特征，需要他们注意。青少年这个群体有个普遍的毛病，就是自我觉知能力差。但是，如果我们的提醒足够及时，他们就能学着自己去认识那些先兆行为，并调整自己的关注点。当然，这不是件容易的事。培养孩子的自我知觉能力，是教孩子实现自我控制的一个重要环节。

下面提供一些方法和技巧，帮助孩子学会自控。

·**找到彼此都能接受的提示信号**。比如，有的学生，老师只需轻轻拍一下他们的肩膀，就能使他们恢复注意力和平静心态。在家里同样也可以使用。这样做既可以避免引起孩子的尴尬，也能以不唠叨、不训斥的方式有效传达信息。

·**铅笔游戏**。儿童心理学家威廉·胡登科有个方法能很好地帮助孩子学会如何识别自己冲动行为的苗头，从而向大脑发出需要调整注意力焦点的提示。

"给孩子两三支铅笔，告诉孩子，在感到自己开始走神的时候，换一支铅笔。注意，换铅笔的作用是给他的大脑发出提示：'噢，我要集中注意力了。'而换铅笔这个行为，也会成为他重新集中注意力的一个提示信号。"

最终，孩子将不需要那些铅笔，因为他的大脑将会养成习惯，识别分神状态，然后自动调整自己的注意力。在一开始，铅笔为孩子提供了一种让自己意识到分神状态的途径。

·FER。如果你的孩子容易把铅笔弄丢，或者根本就不喜欢带什么道具，威廉·胡登科还给出了另外一条建议，他称之为FER。FER 三个字母分别代表 Flag（旗帜）、Eyecontact（眼神交流）和 Rehearse（复述）。"旗帜"指"弄清关注的重点"，比如，如果老师正在课堂上讲课，学生应该认真识别出重点内容；"眼神交流"指的是要与对话者有眼神交流；最后，"复述"是指在心里复述重点。这是个专门的注意力训练法，也是让这个阶段的孩子集中注意力特别有效的办法。

记住： 所有的方法都需要时间、实践和耐心。你跟孩子讨论如何学习自我控制，并提出一个具体计划。

培养孩子的心理灵活性

在我家，当我的儿子正沉浸在用积木搭建想象王国时，如果我走进他的房间，宣布五分钟后我们要去游乐场玩，他会因为不得不停下积木游戏而产生抱怨。他抱怨，并不是因为不喜欢去游乐场玩，而是自己专注的事情被打断了，他需要做出改变，而他不喜欢这种改变。因此他需要几分钟的缓冲，才能把关注点从积木游戏切换到过山车上。

孩子在五岁的时候，认知还缺乏弹性，然而，初中的孩子则必须学会每天多次"切换思维频道"。而这种切换最常见的，是把频道从家里切换到学校。青少年，尤其是年龄偏低的人群，在早上需要相当长的一段时间醒来，然后起床，为新的一天做准备。如果孩子不能按时到校，他一天的学习生活都会很不顺利。因为，从他到学校和第一节课开始之前的这段时间里，孩子要清理背包、整理物品、与朋友调侃、端端正正地准备好，而这一系列活动足足需要 10 ～ 15 分钟时间。如果缺乏这个过渡时间，第一节课对他们来说就是一个急匆匆到来的噩梦。他们的大脑、身体、整个学习状态都会处于一种杂乱无章的状态。对许多孩子来说，这种茫然无措的状态会一直持续到午饭时间。直到中午，他们才有时间喘口气，整理和安排好当天的思路和事情。

一到学校，孩子就要奔走于不同学科的教室之间，不断地调整思维，比如从数学到法语，在自己的储物柜里更换不同学科的资料，适应有着不同规矩、不同要求、不同性格的老师。勉强应付了学校里一天的思维切换，孩子放学后可能还要面对一项项课外活动，继续切换频道。回家后，他们的思维要从足球练习到家庭作业，到晚饭，到电视，再到睡前阅读，完成一次次跳跃。如果放学回来他们还没说累，等他们把头放在枕头上的时候，一定就是很累了。每天，思维焦点不断切换带来的疲惫，再加上需要处理的大量学业任务和体力活动，对这个阶段的孩子来说，太需要培养心理灵活性了。

下面提出的一些使用指导建议，将会有助于培养孩子的心理灵活性，管理好学习和生活中的转变：

·在家庭的日程安排中，注意保持一定的连贯性和可预测性。这样能让孩子因为外界的稳定性而感到安心。

·如果家庭的日程安排出现临时变化，你要保持淡定。孩子很会察言观色，他们从父母的表现中学习如何管理压力。只有你在面对转变时是从容的，孩子才会跟着淡定。

·坚持使用家庭日历，尽量提醒孩子日程安排和约会，尤其是在例行事项出现变化之前，务必提醒孩子。

·只要孩子能够自己使用日程计划表，就撒开手让他们自己管理自己的日程安排。如果孩子有时间意识，能自己组织时间表，他们就会有一种自主感，从而有利于推动他们朝着更自立的方向发展。

·坚持让孩子遵守睡眠规律，周末和假期也不能例外。研究表明，打破睡眠规律之后，需要很长的时间才能恢复，而充足的睡眠，对于培养执行功能的各个方面都很关键。

对付糟糕的工作记忆

工作记忆，这个词猛一听会让我们想到成年后的工作场景，实际上，工作记忆并不是职场用语。工作记忆，相当于电脑的随机存取存储器，是一种较短时间范围的记忆形式，能够让大脑组织同时处理多种想法。然而，青少年的工作记忆通常都很糟糕。比如，我儿子正在练习吉他，如果此时我告诉他去喂狗，过一会儿他可能会走进厨房，两眼茫然地盯着我。很明显，他一定是在走进厨房的这段路上，把我刚才说的话忘得一干二净。虽然这种事情很让人恼火，但确实很正常，此刻，一个温柔的提醒——最好不要掺杂任何怒气和批判——会让他重回轨道。

工作记忆差，会让孩子在家里很恼火，而在学校，这同样也是一个问题。比如，老师一般都喜欢口头传达一些信息，如果孩子工作记忆差，那老师传达的信息一定会被孩子忘得一干二净。所以，对付青少年糟糕的工作记忆，我们需要一些策略：

• 给孩子做一个听力测试。虽然听力与工作记忆之间没有关系，但有些有听力缺陷的孩子，看起来总像是记忆有问题。所以，先排除这种可能。

• 保持耐心。重复是关键，孩子的大脑正在发育，多重复几次你说的话，说不定什么时候他们的工作记忆就够用了，你也就不用总说同样的话了。

• 把你分配的任务写下来，让孩子可以随时查看。比如，在冰箱上张贴任务要求。

• 如果孩子的学校允许，使用课堂录音，尤其是在考试讲评课或者通过演讲传达信息的课堂上。

• 简化你的说明指示，别长篇大论。

• 培养孩子的听辨能力。提高工作记忆的一个重要环节，就是要及时把没必要记住的信息过滤出去。比如，在开车回家的路上，孩子一起听新闻，问孩子："你认为这段报道中最重要的观点是什么？"随着孩子逐渐长大，需要消化处理的信息量越来越大，锻炼这种技能是非常有必要的。

提高孩子的自我觉知能力

　　青少年对自己做事的过程，缺乏自我觉知能力。什么是自我觉知？就是对外部世界和内在的感受。处于青少年阶段的孩子，会将浴室清理的工作完成得马马虎虎，或者午餐包里除了膨化食品几乎没有别的东西。他们并不会觉得这有什么不好，因为他们的自我觉知能力还很差。因此，要青少年完成一个给定的任务，需要具体明确的引导，才能保证过程中不出差错。拿我家来说，我并不是简单地给孩子一份宜家家居式的说明书，或者给几句嘱咐之后就把孩子遣到户外。我会先陪他一起做，比如码放木材时，我会先教他如何在最底层搭好支撑，如何利用地面的角度，如何补救木材切割不够均匀的问题。这样，孩子学会了如何码放木材，并学会监控过程中的细节。

　　下面提供一些小技巧，帮助青少年提高自我觉知能力：

·一开始就要把你的要求表达明确。第一次做时，父母要陪孩子一起做，这样在做的过程中，就可以和孩子一起讨论一些技巧和经验。

·当孩子宣布他已经完成任务时，父母要帮助孩子将他们实际提交的结果与家长（或老师）期待的结果进行比较。

·如果孩子犯了错误或者没能完成任务，别忙着批评，而是要一步一步地教他们如何补救。充分利用失败的机遇，把失败变成提升补救能力和开动脑筋的一种教育。有的时候，失败能教会你另外一种技能，或者说，失败本身就是一个意外的发现。顺其自然地去体验，当那些经验和教训变得显而易见时，以幽默风趣的方式指给孩子看。

·在支持孩子进一步提高的过程中，表扬他们的努力，把错误当成一种学习的机会。孩子要学着审视自己的工作过程，将结果与要求做比较。这方面的经验越丰富，孩子的能力越强，越能更好地衡量自己的工作进展，并最终圆满完成任务。

孩子磨磨蹭蹭，是缺乏启动力

对所有年龄段的孩子来说，开始和执行一项新任务都不容易。面对新任务磨磨蹭蹭，我们习惯称为拖延症，而全世界的孩子似乎都是拖延症患者。心理学家把开始和执行新任务的能力称为"启动力"，这是执行力中涉及的一个基本技能。启动意味着开始，意味着克服惰性。大多数孩子很难做到自己原创一个想法，拟出一个计划，并安心实施这个计划，而这些正是执行功能的内涵之一。孩子缺乏启动能力，就会造成学业上的拖拉。有时，问题的关键是孩子不知道完成一项任务需要多少时间，还剩下多少时间；有时，无非就是惰性的问题。

大多数年龄较小的孩子，都要等到大人告诉他们该去做什么事时，才会开始做。随着孩子长大，父母要推动孩子依靠自己的力量启动并完成任务，让他们做到独立。

下面的一些实用建议，可以帮助培养孩子的启动力：

· 坚持做清晰详细的日程安排、周历和月历。成年后善于时间管理，多半是小时候知道一天有多少时间，知道如何在时间紧张的情况下，为某个具体的任务安排合适的时间。

· 讨论一下时间管理的问题。如果孩子在上床睡觉之前有三件事情要做，与孩子谈一谈，每件事情需要多少时间，如何安排才能保证按时上床睡觉。

· 发挥定时器和闹钟的作用。这样，提醒孩子注意时间的就不是父母的唠叨，当孩子看到时间一点一点过去的时候，他们会对时间有个直观的理解，而不再是一个抽象的概念。事实上，孩子对于抽象的时间是很难理解的，十分钟和一个小时对于很多孩子来说没区别。

· 以身作则，你想把孩子教成什么样，你就要做出什么样。让你的孩子看到你是如何计划时间的。让孩子看到你是如何巧妙安排生活中的家务和工作的。让他们明白，做好一顿晚餐不仅仅是饭前那半个小时的忙碌，向他们解释整个过程。说明你如何提前规划、买菜、解冻、准备并做好那一顿饭，适时邀请他们参与到整个过程中来。

培养孩子的条理性

作为孩子，组织安排好自己的学习和生活很重要。多数学生在进入中学时，还没有形成良好的组织习惯，就像妈妈们说的那样："对于我家那个七年级的孩子来说，整理学校试卷的意思，就是把它们一股脑儿地塞进储物柜或者背包里。他时常会因为找不到某个重要的东西，不得不像进行考古挖掘一样，在一堆皱皱巴巴、破烂不堪的试卷中倒腾一番。"

确实有一些实用的策略，可以帮你协助你家的愣头青孩子提高条理性。但是，你要明白，掌握这项执行力的技能，是一个循序渐进的过程。即便你是一个专业规划师，也不要指望在培养自己孩子条理性的时候能够做到一蹴而就。在培养条理性的这条路上，没有速成技巧。其实，在人的一生中，很多技能都是在不断地进步和优化，所以青少年很可能在一开始只能掌握一些初级技能。这个时候，我们的目标不是要达到完美，而是让我们的孩子获得一些基本的技能和策略。比如，让他们可以保持自己的试卷整洁有序，或者知道去哪里找到自己需要的资料，或者知道自己需要花多长时间准备周五的拉丁语测试。在这个过程中，会伴随着很多尝试和失败，而失败必会带来改进。

家长和老师可以帮助孩子克服自身的不足，培养这方面的技能。以我和我的学生为例，我们可以看看怎样更有利于培养孩子的条理性。我要求学生每周三清空他们的储物柜，整理好里面的试卷，并列出一张核实清单。有些条理性好的孩子，会把单张的试卷整理到文件夹里，并将那些多余的资料扔掉。而有些学生经常在这个时候发现，自己竟然有三份同样的作业，其中一份是最原始的，另外两份则是在他们翻遍所有的地方之后，确信丢了，又补写的。如果你的孩子所在的学校没有这样一项要求，那么让孩子每周拿出 10 ～ 15 分钟时间在家里做这项清理工作。随着孩子慢慢养成归纳物品的习惯，他就不再需要特别拿出一段时间来做这件事了，更不会因为不会归纳物品而导致自己多费力气。开始时，规定一个特定的时间还是必要的。

在初中这三年，培养影响一生的条理性，需要的是我们的耐心，和允许孩子面对失败及失误后果的意愿——不管那些后果是因为忘记作业而被老师留堂，是因为忘记带护口器而在足球训练中被迫在场外坐冷板凳，还是因为总是拖拖拉拉而遭到记过处罚。允许他们失败，允许他们因为犯错而伤心，这个时候，退后观望，不要营救他们。每一次品尝苦果的经历，都会成为他们获取那些执行技能的助推器。相反，每一次你营救他们，你都在把孩子的无能和依赖往前又推进了一步。不要忘了，初中的时间是多么短暂，他们只有那么点时间可以犯属于初中的错误，转眼他们就会被推入高中，到那时，犯错误的代价相对就更高了。

　　每当你想开车把孩子落在家里的作业送到学校时，每当你忍不住想动手帮孩子准备午饭时，设想一下这样的美好情景：你的孩子自己整理自己的背包——包括足球课专用背包和课堂专用背包；记得准备并带好自己的午餐；做好便条提醒自己记得带上你签好字的表格；在日历上简要写出长期事项；把车里属于自己的器具和物品携带齐全。这一切，全都无须别人的吩咐或提醒。那个情景很让人神往，不是吗？只要你足够理智，他们有一天终会是那个样子。

第9章

都快成年了，还能不能管

　　我曾在高中做过一场关于孩子的内驱力和自制力的演讲。在演讲后的家长提问环节，我发现有位家长一直躲在人群的最后面，耐心地等待着所有人问完他们的问题。当其他家长都离开演讲大厅后，她才凑上前来，悄悄地对我说："我儿子现在 17 岁了，但每件事我都要替他操心。"她停了停，盯着我的眼睛，又碰了碰我的胳膊，加重语气地补充道："每一件事。"

　　我点了点头，等她把话说完。

　　"我从来都没有让他尝过失败的滋味，一次都没有过，我想……我的意思是，他现在都 17 岁了，即便我想放手，是不是也太晚了？"

一半孩子，一半大人

过去，人们把 18 岁看作可以成年的年龄。到了 18 岁，孩子们就可以离开父母，独自闯荡世界，寻求独立自主，实现自己的追求。然而，这些年来，因为孩子们迟迟无法结束的青春期，成年的时间似乎被推迟了。刚刚迈入成年阶段的许多人，一方面确实不知道怎么做一个成年人，一方面又要被期待着做事说话像个成年人。青少年心理学家詹妮弗·哈特斯坦提到，在工作实践中，她发现越来越多的孩子在成人初期（18—25 岁），挣扎着搜寻属于自己的道路。

这类孩子从未被允许失败，没学过失败后如何站起来，没学过如何接纳失望，如何管理自己的人际关系并为自己负责，没学过如何克服希望落空带来的焦虑。我总是问这些孩子的父母："当初你都不给孩子机会去学习如何做成年人，你怎么能期待他们现在当个合格的成年人呢？"

　　现在，有很多爸爸妈妈会陪孩子上大学，参加工作面试，甚至跟公司谈工资。正如《青少年周刊》指出的："孩子们在成人初期中表现出来的各种消极现象，与父母不愿意放手有直接关系。"作者们认为：

　　　　那些刚迈入成人年龄的青年，应该学会自己解决与室友之间的矛盾，自己选择工作，自己向教授寻求帮助。如果不自己做这些，青年就等于废掉了属于自己的一些必要经历和实践，而这些经历恰恰是让他们在事业、婚姻、社交中取得成功所必需的。通过这些，他们才能真正地成长和发展。

　　换句话说，只有父母后退一步，让青少年拥有自主权，他们才有机会去体验完全属于自己的胜任感。这种胜任感是他们在工作、社交甚至婚姻中成功的必要条件。一些有成年子女的家长，谈到他们的教养经历时，讲述了他们放手的经历是多么难。

放手让孩子去经历失败，这对于我真是一个极难做到的事情。我的儿子（现在已经 35 岁）在他十几岁的时候，要求我必须允许他失败。对于他来说，这意味着在他失败的时候，我不能再用假话奉承他，因为那样会让他觉得，所谓失败是指他让家长失望了。

父母是注定要退出孩子的生活的，我们与孩子的分离，从把孩子放在厨房地板上，让他们迈出离开我们的第一步那一刻就开始了。接下来，第一个单词、第一天上学、第一次约会，每一个孩子自主独立的里程碑，都标志着孩子走向独立人生的不同阶段。这一路上，我们的工作不是保护他们免受失败，而是帮助他们在挫折和打击中坚强起来。

当孩子们最终走出少年时代那温暖的港湾，开始开辟自己的道路时，他们需要我们允许他们靠自己获取资源和工具。前方的路是他们的，不是我们的。尽管我们想为他们铺平道路，让他们成功，但我们更应该让他们过自己的人生。我们不应该用我们的优先事项和需求去捆绑孩子的自由。一位妈妈很坦诚地说："我对人生成功的追求很高，我们那一代人大都这样。孩子的成功也能给我带来荣耀。关于孩子的世界在哪里结束、我的世界从哪里开始，这个界限对我来说真的很模糊。"

成年之前实现独立自主的最后一次机会

如果父母在高中之前习惯用各种羁绊束缚孩子，把他们的无助和无能捆绑在一起，那么高中和大学则是孩子脱离羁绊、迈向成年真正独立自主的最后一次机会。如果一直以来，你都是一个控制型的父母，并且你和你的孩子都已经习惯了这种动态，那么改变这样的状况，就不会是一件容易的事。像幼儿一样，青少年也需要一个过程，才能理解父母的期待和自己的能力上限。而且，重新划定界限的过程，可能会比以前更加麻烦。

突然对孩子提高要求，或突然放手让他们自己去做决定，去解决问题，孩子难免会出现一些愤愤不平的情绪，甚至暴怒。好消息是，等这突变引起的消极反应和冲击慢慢平息下去，父母更容易把属于孩子的责任交还给他们。要界定 5 岁或者 10 岁的孩子应该具备完成哪些事情的能力，可能没那么容易，但是对于那些迈向成年的青少年来说，父母能完成的任务，他们基本都能完成。而且，如果给他们足够的时间和空间，孩子甚至能比父母做得更好。

孩子的青春期，对父母也许是一个挑战。但从学习和认知发展的角度来看，青春期对孩子是一个蕴含着巨大身心收获的阶段，也是父母全速培养孩子成人能力的绝佳时期。

十几岁孩子的认知发展已经进入完全运算阶段（完全运算阶段，是皮亚杰认知发展理论中认知发展四个阶段的最后一个阶段。这个阶段在具体运算阶段之后，指 11 岁以上孩子的抽象思维能力和从已知信息中推导结论的能力已完全成熟）。他们的逻辑思维能力得到进一步发展，可以根据过去的经验推出结果，还可以将抽象的概念与他们的现实之间以一种几年前的他们还不曾掌握的方式相连接。更重要的是，他们的执行技能会更加高明，因此，他们又获得了一项新能力，那就是规划未来，为达到自己渴望的结果拟出系统方案的能力。在这个阶段，一个非常有意思的看点就是，孩子会实现一种转变：曾经，为了达到某个目标，他们总是采用反复尝试—犯错的方法；现在，他们的方法变成了更具有策略性的思考和规划。这时，青少年可以在大脑里同时存储并运作多个可能性和想法，而且他们会仔细思考自己的想法将会如何在现实中展开，然后再启动一个计划，而不是鲁莽地开始行动。正如大卫·班布里奇在他的《青少年：一部自然史》中阐述的那样："在十几岁的时候，孩子才能成为心智成熟的大人。"

　　每当与家长们谈到必须给孩子的失败留有一定空间的时候，家长们就会说，他们也想那样做，但是他们做不到。他们的论调就是，在如今这个年代，这根本不可能，风险太高，"一切都那么紧迫，每一分都是那么重要"，而且，"我不能让我的孩子失败，因为他毕竟只有这么一次高中，失败的代价太大了"。这些家长进一步理论道，"哪怕是一个小小的失败，也可能让孩子的奖学金告吹，可能导致孩子从优等生名单中剔除，还可能在学业记录上留下永远抹不掉的一笔，如拘留、留校察看、休学等。"是的，这说得没错，但是，如果在孩子还住在家里的时候，家长总是庇护他们免受各种挫败，那么以后当他们离开家后，所要面对的潜藏风险就更大，因为那些发生在外界——真实世界——的风险比这时半封闭世界里的风险大得多。有一位妈妈，她的孩子都已长大成人，得出了这样一个道理：有时候，我们家长必须后退一步，扪心自问地想一想，我们到底希望自己的孩子拥有什么样的成功。

　　有意思的是，成功的形式有很多种，而且大都归结到一点，即幸福。如果我们剥夺了孩子失败的机会，最终等于我们剥夺了他们在自身所处的各种环境中获得幸福的能力。因为，没有那些失败的机会，孩子就不能形成自己的自信和恢复力，而孩子只有拥有这些，才能在自己的人生中根据自己的实际情况，找到创造性的解决方案，去应对各种挑战。

　　进入高中之后的孩子，已经具备了成人的认知和推理能力。这时候，父母应该给予他们应有的信任、信心和责任。一位高中教师兼行政管理人员说：

　　在高中阶段，如果父母后退一步，让孩子主动倡导，自我激励，保持行动力，孩子将能获得对"责任"二字最完美的体会。高中阶段的孩子，应该有中等或者高等的自主权，这样他们可以开始发现自己的做事方式，体验选择，并在个人行为的后果中安稳度过。让孩子拥有自主权，不代表父母彻底离场，是指父母就在不远的一段距离之外，给予孩子场外支持，而不是事事过问，这一点很重要。如果父母学会充当配角，同时在权衡中，做到为孩子让路，以期许的目光欢迎孩子选择自己的路，高中生几乎能够更快甚至是自动地做出更好的选择。他们也想做到优秀，想做出正确的选择，但他们更希望那个选择是自己做出的，希望自己拥有选择的能力。

根据这样一个清醒而又高明的建议，家长们真应该选择后退，放开对孩子的牵制，让他们在高中这个年少时光中，自己跨跃一路上的各种障碍。高中阶段的每一年，都有其特有的挑战，这些挑战同时也是机会。重要的是，家长要鼓励孩子充分利用每一次机会。

现在，轮到孩子们去体验属于他们的成年生活了

高中毕业后，不管是走进大学还是进入职场，都代表着一个人生节点——孩子已经是个成年人了，这是一条鲜明的分界线。

但是，由于现在童年和成年生活的界限越来越模糊，尤其是

那些在校大学生，他们身份上还是学生，年龄上却已成年，很多父母因此不知道该怎么办，是该像对待成年人那样，还是像对待孩子那样。其实答案很简单：上了大学的孩子，理论上跟父母基本没有关联了。孩子已经是法律上的成年人，即使孩子的学费还需要父母来付，父母也不该干预孩子的生活，该让他们承受自己的决策和失败所产生的后果了。除了学费方面，其他任何事情——课程选修、与教授交涉学分的问题、解决与室友间的分歧、清理混乱的寝室——这些都是孩子该自己应对的问题。

加利福尼亚大学圣克鲁斯分校的教授齐摩斯说到自己那些被过度管教、不知失败为何物，因此也从未准备好独立面对人生的学生时，这样说道：

我们都听说过这类令人惊讶的事：有些孩子上了大学之后，还不会自己洗衣服。有个学生曾经因为这个哭着来到我的办公室。其实这算不上什么大问题，只要成年人花时间去学习，他们很快就能学会自己洗衣服。真正的问题在于，这类学生的心态。有一个学生在半夜给教授发邮件，提出自己的要求，而这封邮件到第二天早上8：30时还没有得到回复，于是这个学生很生气。这个学生半夜发的邮件的内容是，他要补写作业，所以希望教授能给他跟其他按时完成作业的学生的分数一样。后来，这位教授在半夜接到愤怒的家长的电话，质问为什么他们的孩子考试不及格。

这种行为所体现的心态，是一个值得所有家长关注的大问题。小学乃至中学的老师，是专业的老师，而大学老师，则是专业的学者。教授将学问传授给学生，只是受聘的职责之一，他们还需要投入自己的研究，为大学以及自己的专业做贡献。一位同时给300名学生上课的大学教授，是不可能照顾到每个学生补习的特殊需求的，家长也没有理由指望教授因为孩子的个别需求或问题与其面谈。事实上，法律也明确规定，没有当事学生的明确同意，教授无权与家长交流该学生的情况。很多时候，当我接到愤怒的家长打来的电话时，我会简单明了地说："你的孩子是我的顾客，你不是。关于孩子的事情，你需要与你的孩子谈。"

身为父母的我们，到底该向要步入成年世界的孩子传达什么样的信息：是"有些事情本该是你在家的时候我就应教会你，但我没有做好，所以现在我要跟你一起走入你的成年生活，以防你出什么差错"，还是"你现在已经成年了，我相信你能搞定大学生活"。

如果你的孩子马上就要离开家门走入大学，即使此时他还不具备自主能力和胜任能力，作为父母，我们也不能代劳，而应与孩子谈一谈有关话题，一起努力帮孩子尽快实现独立自主。

具体操作方法

启发而不指挥。问一问孩子，在他的想象中，大学生活的第一年会是什么样的，要做点什么，才能把他的那些美丽想象变成现实。接下来，要把那些目标具体化。比如：第一个月该具体做点什么，才能为美好的一年奠定基础。记住，在讨论这些时，家长要抱着支持的态度，要做到启发但不指挥。

帮助孩子识别可咨询的对象。如果他不确信自己该如何实现目标，父母也别急着自己上场言传身教，而是可以建议他找那些可能会给他启发的人谈一谈。而父母的职责，是帮孩子识别哪些人可以成为咨询对象，比如，孩子感兴趣科目的教授，或者年级的辅导员、教师等。和孩子一起列出校园里可以给他建议或帮助的关键人物，这样，他就不会总是慌张地给家长打电话。让孩子自己查找他的教授、辅导员、系主任的电子邮箱地址，在地图上找到这些人办公室的所在位置，找到学生保健服务和心理健康服务中心的所在位置，并对这些做到心中有数。孩子如果做到这些，在入学最开始的几个月，就会知道在必要时该向谁求助。

入学之后。在假期，重新谈一谈之前设定的梦想和有关话题。这一年是否如同当初想象的那么美好？不管是或者不是，问一问为什么。那些已经过去的事情，而今想来，是不是可以换一种方式去做？

找到你的静音按钮。关于孩子的大学生活该是一个什么样的轨迹，每个家长都会忍不住有自己的设想，而你的那些想法，只留给你自己就够了。孩子要学着如何处理自己的问题，如何制订计划并将计划执行到底。想一想，如果大一的现实真的如同孩子当初构想的那样美好，他将是多么自豪，因为是他自己让构想变成了现实。如果你曾经插手，或者代劳，那么最终胜利的果实，你也要分上一半甚至更多，你因此也就瓦解了孩子的自主感和胜任感，推迟了他的成年。孩子在与时间赛跑，在不到四年的时间里，他将不得不跨进那个更大的世界，在那个不那么友好的世界里捍卫自己。如果这样宝贵的成长经历再被夺走，孩子未来真的会对一些挫折承受不起，哪怕只是一点点。

室友之间的问题与你无关。我们都明白，学会与不同观念、不同背景、不同习惯的人相处，是一个很好的学习机会。一旦你的孩子选择了（或者被指派了）一个室友，你不要插手，不要神经兮兮地在网歌上搜索那个室友的名字，然后将查到的资料告诉你孩子，千万不要这么做。与那个人相处的是你的孩子，不是你。

教授不希望家长干涉。关于分数、座次、课程安排、未完成任务等方面的问题，家长不要干涉，永远不要。即便你的孩子很害羞，即便他失败了，你也不要插手。如果你的孩子因为正在休假，或者课业忙到没有时间处理这些事情，你也不要插手。这些都是难得的机会，让你的孩子可以学着在发生分歧时为自己辩护，学着以一种成熟而有担当的方式与其他成年人理论。如果你插手，你不但剥夺了孩子的机会，还会失去教授对你和你的孩子的尊重。没有人会喜欢一个巨婴，也不会尊重制造出巨婴的父母。

真的有必要的时候，孩子会主动求助。我知道，对于孩子，家长总是有着诸多不放心，但我更知道，如果你的孩子需要你，他会给你打电话或者发短信的，虽然频率也许不像你期待的那样高。如果你不是那种开口就问学习成绩和作业的家长，如果你不是上来就问孩子是否约见了那个你让他去约见的某某经济学教授，孩子给你打电话的频率也许会更高一些。

大学这四年，给予孩子的是友谊、人际网、经验教训和各种体验，这些都将成为无形的手，塑造出他成年生活的样貌。支持你的孩子，要懂得何时后退，放手让孩子拥抱自己的人生。把孩子送进大学，带着他的急救箱、急用现金，还有你"坚信他能自己学会一切"的信任，让孩子自由地去成为自己想成为的那个人。至于那些你不愿孩子走的路，以及那些你不愿孩子追随的事情，就留给孩子自己去看明白吧。如果他注定会遇到失败，那段经历将会成为此路不通的证明，他也将学会避免再次走上同样的错路。别为孩子铺路，哪怕你有能力轻松完成这些。如果你为他铺平了道路，让他避免了歧途，那么他什么新东西也学不到。你已经完成了你的生活，得到了生活给予你的馈赠，现在，该轮到他去体验他的生活了。

第10章

孩子管教中的另一个重要角色：老师

与老师建立积极的关系，
就是送给老师的最好礼物

身为老师，每天我都会和家长交流孩子的情况。有时是坏情况，比如没有按时完成作业，或者新发现的行为问题；有时是好情况，比如孩子取得了哪些进步。每一次给家长发邮件或者打电话，我都会努力想好措辞。报告坏消息的时候，或者需要对孩子的问题提出批评的时候，我会保持态度明确坚定，同时尽量语气温和。这么做，是为了让自己跟家长的关系朝着一个积极的方向前进。管教孩子，需要家长与老师齐心协力，共同去促成教养的最终目标。

但是，因为现在的家长对孩子的管教过于在意，家长与老师的关系会经常发生冲突。

现在是 8：11，这个时间我本来应该在上拉丁语课，但现在我被困在自己的办公室里。办公室的门外是一位怒气冲冲的家长。我很想从窗户跳出去，但是看了一眼窗户实在太高了。其实我可以等那位愤怒的妈妈走后再出来，因为她并不知道我就在办公室，但是我的学生在等着我给他们上课。现在是 8：12 了，也许我可以趁她不注意开门溜出去。于是，我深吸了一口气，悄悄打开门。天哪！在监狱和自由之间，站着的正是那位气势汹汹的妈妈。她好像准备好架势了，随时准备把任何挡着她孩子进入一流高中的人给活吞了，而我这个老师就是她的猎物。发生这一幕的原因，仅仅是因为 30分钟前，她收到了孩子英语成绩的邮件，成绩很惨，而我就是那个发邮件的老师。

家长和老师之间的关系，为什么会变得这么尴尬？我为什么要躲着我学生的家长，而这个家长本该与我站在一条战线共同教育好孩子的。其实，我能想象这位妈妈的感受，她对老师所有的怒气，完全是因为担心她儿子在学校的表现，因为害怕孩子失败的焦虑，因为焦虑产生了压抑感，让这位家长感到很疲惫。其实，这不是个例。很多孩子的家长虽然没有这么极端，但也是每天忧心忡忡，孩子有一点受挫，家长就觉得几乎快要崩溃了。

这种情况下，家长和老师再有激烈冲突，受到的也只是间接的伤害，真正的直接受害者是孩子。每当成绩报告单要出来的前几周，很多学生都会感觉压力很大，甚至感到恐惧，到公布成绩的前一天，更像是要上刑场一样。

家长们为了升学，为了奖学金，眼睛难免只盯着成绩。而当孩子达不到家长期待的成绩时，家长一方面对孩子会更加严格管教，一方面会怪罪老师，和老师站在对立面。在这样的对立关系中，损失的是家长和老师之间的相互信任。只有相互信任，才能帮助孩子经历一个个错误，协助他们凭借教育的力量变得更优秀。孩子需要体验失败的空间，老师需要让失败慢慢展开，最终变成孩子学习过程的时间。学生的失败构成了最适合开展教育的沃土，而当老师被禁足于这片沃土之外时，他们失去了很多教育的良机。一位在某大型公立高中有着多年教学和管理经验的老师，对那些失去的机会做了如下概述：

家长总是插手孩子的事情，为了避免"不良后果"，不让孩子做出自己的选择，不允许他们犯错，不允许他们失败。这样的家长往往忽略了一个事实：如果孩子事事都有父母的庇护和管教，从来没有机会学习自己解决问题，到了他们脱离父母要自己面对一切时，他们将步履维艰。自由和选择是成长的前提。孩子需要这些去体验、去经历、去充实自己应对机制的工具箱。

这个工具箱里，本该装备着孩子在体验、自我调整、成长中好不容易赢得的各种技能，而这些技能比任何数学公式或者语法规则都重要得多，是一辈子的财富。可家长的各种管教和干涉，可能让这个工具箱里空无一物。

几十年的研究发现，家长与老师、家庭与学校建立积极的关系，对孩子的教育成功至关重要。尽力与孩子的老师保持一份真诚的关系，让孩子相信你，也信任老师，这是保证孩子在学校得到良好教育最好的礼物。

建立积极关系的具体指导原则

1. 信任和放松

开学的第一天，当你表现出信任和放松，孩子就会有勇气信任和放松。相信老师会照顾好你们的孩子，并给予孩子最适当的教育，孩子与老师也会有信任关系。如果你给老师的见面礼是怀疑，那孩子收到的也是一样，他们也会对老师小心翼翼，保持距离。

2. 帮孩子做到"准时"

贾德·阿帕图的电影《四十而惑》里的一个场景触动了我。影片里的妈妈把孩子送到学校，班主任在门口迎接她们时，有这样一段对话：

老师："嗨，呃……请注意，夏洛特真的应该准时到校，她需要多一点时间让自己安定下来。"

妈妈（困惑的）："我们很准时啊。"

老师（面无表情的）："准时的意思是要早点来。"

的确，对孩子来说，上学准时意味着要早一点，从起床到上学，孩子需要时间让没睡醒的大脑清醒过来。幼儿园的小朋友需要时间和朋友打招呼、换衣服，大一点的孩子还需要整理书包、交作业、准备一天的学习资料、为上课调整好心态。有的初中生早上蓬头垢面地来到学校，站在自己的储物柜前，盯着自己的书足足五分钟之后，才能勉强醒过神儿来。青少年的睡眠生物钟一般要滞后两个小时，他们晚上犯困的时间晚两个小时左右，早上醒来的时间相应也晚。想一想，如果你睡眠不足，醒来后就急急忙忙赶去上班，把车停稳后就直接跑去向公司领导做汇报，没时间冲杯咖啡，没时间换衣服，没时间静下心来规划好一天的事情，你做事的效率会如何？那些在最后一分钟冲进学校的学生，通常整个上午都是无精打采的。

如果孩子迟到成为一种习惯，错不在孩子，必然是家长的过失。家长应该调整好时间，把准时到校放在首要位置。迟到的孩子一定有心理压力，尤其是当迟到并非孩子所愿，也不是孩子本人造成的情况下。孩子都有很强的负疚感，他们知道迟到是对老师的不尊重，知道自己走进教室时打扰了大家，那是对其他同学的不公。

所以，作为家长，不要因迟到让孩子成为受责备的对象，或让孩子心里不安。如果有必要，把你的闹钟往前调半个小时，不要因为你的原因让孩子迟到，影响孩子的课堂表现，影响老师对孩子的印象。

3. 尊重老师，从重视孩子出勤开始

有的家长会突然通知老师，从明天开始请假一周，然后请老师告知需要做哪些作业才能跟上班里的进度。对于老师来说，没有什么比这种情况更为懊恼的了。如果家长不能提前做好计划，突然让孩子请假，受苦的也是孩子。一方面，孩子会因为没时间把该做的功课提前安排好而感到仓促；另一方面，如果老师安排好的课程活动，因为某个学生的突然缺席而无法顺利进行，老师就会感到措手不及。当然，这不代表不允许孩子请假，紧急情况总是会有的，在那种不得已的情况下，老师会给予最大的理解。但是，家长也要做到理解老师，尊重教学，尽量权衡轻重缓急，不要将孩子的上学出勤视作可以随便侵犯和挪用的时间。

4. 以身作则，做礼貌的使者

生活节奏的加快，让我们会忽视一些最基本的东西，比如礼貌。礼貌不仅是日常生活的润滑剂，还会影响到老师对家长以及学生的印象。如果一个孩子的家长对老师很粗鲁，那么，当需要邀请家长来沟通孩子的问题，或者夸奖孩子的进步时，老师就会不愿打电话或者发邮件，这是人的本性。弗洛伊德说过，"追求快乐和逃避痛苦是人最基本的本能"。对老师来说，家长的傲慢、不信任、不尊重，以及否定的攻击性的人际互动，则是难以承受的痛苦。因此，让孩子看到你的礼貌，这样不仅孩子自己会学到礼貌，对家长和老师的关系也会有积极的促进作用。

5. 对教育持尊重的态度

面对老师时，你的态度反映出你对老师教育过程的尊重，你的孩子也会因此尊重教育，并且乐在其中。而且，我们做老师的，也很乐意与你分享孩子在学校的一点一滴。在家长送孩子或者接孩子的时候，我喜欢与他们聊上几句，告诉家长，孩子今天又为班里做了什么贡献，或者告诉家长，我阅读他儿子最近的论文时突然发现他在这一年进步好大。对我来说，没有比这时候感觉更快乐的了。老师非常珍惜和家长之间的良好关系，也很乐意与家长交流孩子的情况。

6. 做一个爱学习的家长

我不得不重申以身作则的重要性了，你对学习的态度，会变成孩子对学习的态度。同理，你对学习过程的激情，以学习为乐的态度，也会向孩子灌输同样的学习态度。如果你希望孩子是个爱读书、爱求知的人，那就先让孩子看到你以阅读为乐。你可以选一本书，书的题材也许是希腊众神、文艺复兴时期的艺术，也许是植物学，总之是你以前一无所知的领域，然后你通过阅读成为这方面的专家。你可以去学某种乐器，可以去参加你在高中或大学从没参加过的课程。在你尝试新东西，并饶有兴趣地钻研、坚持的过程中，孩子会在潜移默化中受益很多。可以在车里为你的孩子播放他所读书的音频，还可以与你的孩子聊一聊他最近在学校看什么书，聊一聊书中的主要思想、主要人物。这样也许会打开你和孩子之间的有趣对话，你们会兴致勃勃地讨论为什么《麦田里的守望者》的主人公霍尔顿·考尔菲德要戴着那么一顶滑稽的猎帽。让孩子把阅读学习的乐趣与日常生活融合在一起，让学习成为一种内心渴求的回报。

7. 确保你和老师之间的第一次交流充满正能量

第一印象有多重要，我们全都知道。罗恩·克拉克是一位很有成就的教育工作者，在他的著作《基本要领55条》中，他建议教师们一定要确保在与家长的第一次交流互动中充满正能量。这是我最喜欢、最受用的一条建议，而且我觉得这条建议同样也适用于家长。在开学第一个月左右，家长应该找机会与老师交流一次，你可以跟老师提一提，你和孩子在晚餐时间讨论了最近他在班里读的一本书。比如："上周我和凯文聊天，谈到了您教他的一首弗罗斯特的诗，我们聊得很开心呢。"只要你的反馈是真实的，它将成为关系纽带的良好开端，并富有成效。这种交流，把家长和教师的关系有效拉近，使他们成为一个团队的战友。同时，这种交流还奠定了家长和教师之间信任的基础。因为信任，你的孩子成了你和教师共同的孩子，即使孩子在学习中是个"困难户"或者失败了，老师也会积极与你互动，想出最好、最有效的方法教育孩子，让孩子受益。相反，那些坐在教室最后一排，双臂交叉抱在胸前、面无表情的家长，传达出的是不满、不屑、不信任，是拒人于千里之外的冷漠。因此，老师很难选择他们作为自己的团队成员。这种隔阂，还会让老师在面对孩子出现的问题时，或需要与家长交流时心存顾虑，反而对教育孩子不利。家长和教师本该是一个有着共同目标的团队，而礼貌、意愿和热情能让家长成为最佳的参与者，老师们也乐于为了积极友好的家长倾尽所学。

8. 欢迎老师的反馈

老师的反馈非常重要，所以从开学的第一天起，你就要鼓励老师及时向你反馈孩子的情况。让老师知道，反馈不管是积极的还是消极的，你都将它视作孩子教育和家长教师关系中不可或缺的部分。一定要让老师知道，你期待老师的反馈不只是口头上说说。比较实际的做法是，告诉老师如何与你取得联系，是电话，还是电子邮件，让老师知道哪个时段联系你更合适。同时，你也要询问如何联系到老师，老师方便使用哪种联系方式，并遵循老师的习惯。当你主动联系老师时，要抱着理解的态度，白天他们可能没时间及时回复你。总之，你要向老师传达的信息是，你希望老师及时给你反馈，你很愿意与他们交流。

9. 凭感觉定义的危机或紧急情况，沉淀一天再决定是否给老师发邮件

虽然说要保持与老师及时沟通，但是那些关于作业、任务、纪律处分之类的抱怨，要等沉淀一天之后再说。这些事情在当时看起来也许像是十万火急的危机，如果你等一等，冷静看待时，就会发现事情并没有你想象的那么严重。另外，既然你本就应该推动你的孩子在与老师交涉问题中去承担更大的责任，那么这24小时的犹豫期会让你冷静下来，与你的孩子一起规划一个万全之策。一旦你的孩子和你都能放下情绪，隔着理智的距离去审视这个事件，你们就可以花点时间好好聊一聊事情的经过，理清其中的前因后果。

10. 发生在家庭的重大事件，要让老师知道

如果家里有什么重大的事情发生，势必会对孩子造成影响。家长应该适时让老师了解有关情况，这样有助于老师帮助孩子更好地调整适应，让孩子在学校更好过一些。不要等到离婚，争夺监护权时，或者孩子出现长期梦魇或者严重饮食障碍时，再跟老师交代事情原委。对于很多学生来说，家里发生了不愉快，学校

就成了他们的避风港。而且，老师给孩子的庇护感和安全感越多，越有利于保护孩子的心灵。如果你觉得涉及的内容太过敏感，不适合写在邮件里或者在电话里谈，就找个合适的时间约老师面谈。总之，目的就是，让老师明白你需要老师帮孩子渡过怎样的难关，并将老师需要了解的情况告诉他。

11. 表达出你对当前教学内容的兴趣

让老师知道，你对孩子在学校里学的东西很感兴趣。想办法在家里和孩子一起探讨他学到的知识，创造机会，让孩子把在学校学到的知识教给你。比如，你可以假装不知道岩浆是怎样形成的，不知道滑轮的工作原理，让你的孩子利用自己所学来启发你。不过，孩子不是什么时候都愿意回答家长的问题，有的孩子在家长问他们在学校里学了什么时，他们会回答"不记得了"。听到这样的答案，家长不要就此放弃。曾经有家长跟我反映这种情况后，我会将每周的重点内容和每天的教学内容，从语源学、文化素养课，到我们读过的名家作品总结好，然后发给家长。家长一旦掌握了教学内容，就相当于拿到了打开与孩子对话的钥匙。他们可以聊与教学内容有关的话题，探讨如何将所学知识与一个更大的世界连接。

12. 找机会表达感恩

每天，老师的耳朵里塞满了各种抱怨和诉苦，关于成功的反馈却极少听到。我这样说，并不是建议你去凭空表扬或赞美老师。但是，当孩子的学习进展很顺利时，如果孩子总会向你谈起学校里让他兴奋的某些事情，这表示你的孩子在学校过得很开心，你要记得向老师表示感谢。一封摸得到的感谢信，效果会更好。我保证，那封感谢信要么被钉在老师办公室的墙上，要么被老师用文件夹夹好，收藏在自己办公桌抽屉的抽屉里。我的办公桌里就有一个专门的文件夹，收藏着从我当老师的第一天起收到的所有感谢信（注：老师也需要内在动力）。感谢信不用长篇大论，一句简简单单的感恩就够了。在这个过程中，你表达感恩的行动已经给你的孩子上了一堂生动的示范课。可以让你的孩子参与进来，你可以让他把感谢信交给老师，或者亲手写邮件。如果你并不善于表达情感，你可以借鉴别人的。当我实在想不出什么词来时，我经常借鉴阿尔贝特·施韦泽博士的一段话："有时我们自己的灯火熄灭，又借助别人的火花重新点燃。我们每个人都有理由去深深地感恩，感恩那些曾经点亮我们那盏心灯的人。"数不清有多少次，我的学生让我内心的火焰重新燃起，而且我一直记得时常对他们表示感恩。为了进一步向学生示范如何表达感恩，我曾教他们手写感谢便条（不是电子邮件），向自己感激的人表达感谢，而且，我们也经常因此收到别人的感谢便条。在如今这个被电子邮件、短信、推特统治的世界里，一封手写的感谢信是一件不折不扣的礼物。我们都需要那种人与人之间的联络感，都需要被欣赏的感觉，这其实是一种互动的情感。孩子应该早一点学会如何向他人表达欣赏和感恩。

13. 你与老师有共同的兴趣——学生

绝大多数老师之所以走上教育生涯，是因为他们喜欢孩子，并热爱自己所教的科目。在我采访老师的过程中，一次次打动我的，是多数老师对学生真切的关怀和爱护。所以，当你觉得老师对你的孩子不好时，在激动地控诉前，先想想我说的这句话，问问自己，一切是不是只是自己的误解。关于如何建立成功的家长—教师关系，一位高中老师给家长和教师们提供了这样一条建议："首先，要明确共同立场，即家长和老师都应该是关心孩子的，双方都应该是真心为了孩子好。"也许会有不同于这个假设的例外，但如果你开始就抱着这样一个心态，你孩子的老师很有可能会真的追随你的想法。

14. 保护你的孩子拥有失败的权利

你的孩子将会在新的学年遇到许多新的挑战，尤其是在他们闯过过渡期或者经历重要的里程碑时，你都要有足够的心理准备。在他们遇到困难的时候，会从你那里读取暗示信息，所以，你要投以信任，同时不在孩子关键的过渡期营救他，不剥夺他们经历挑战的权利。记住，失败是孩子教育中的一个重要组成部分，是像数学、英语、科学一样重要的科目。

为了孩子能够获得自主能力和担当能力的大奖，你要保护他们拥有失败的权利。给孩子时间和空间，孩子需要这些在自己的世界里感受对自己的失望。最后，在他们收拾自己心情的过程中，在清除疑虑的尘埃时，在解读自己的经历中，在逐渐领悟自己有能力在失败的碰撞下弹得更高的过程中，让你的鼓励一直伴随着孩子，这就够了。从孩子进入幼儿园的第一天，到高中毕业的最后一天，你都要遵循这些指导原则。学校里的每天，都承诺了一个新的开始，是让别人读懂真实自己的机会，是一路犯错、一路收获的机会。

15. 给孩子为自己发声的机会

从进入幼儿园的第一天开始，就要让孩子学会为自己发言。一位幼师说："与老师和其他小伙伴交流，是幼儿园里培养的一项主要功能。"这位老师对我说，有位家长在孩子入园的第一天就告诉她，因为孩子还不会表达自己，需要老师去"感觉"孩子的心意。她说，她真的感到无奈："其实到了入园的年龄，孩子们就有能力自己完成很多事情，只是家长不愿意相信。孩子们有能力用语言表达自己。"

从迎接孩子入园的第一天开始，她就礼貌地要求家长不要代替孩子说话，她希望孩子从一开始就尽量表达自己。她解释说，她希望她的学生有被倾听、被理解的感觉，为此，他们要做到自己与老师沟通。不仅如此，她还希望在不借助外力促成的情况下，孩子们之间主动发起交流互动。"他们需要花时间去尝试。他们在交流中虽然会犯各种各样的错误，会把事情搞砸，但也在各种过程中，学着如何传达出自己的声音。如果不这样，自立将是不可能的。孩子们不是天生就知道如何为自己争取立场的，这是一个长期的学习过程。"

　　社交互动会随着孩子年龄的增长而变得更加复杂，因此，老师也希望孩子的交流能力能随着推理能力和批判思维能力的提高而提高。老师会尊重那些能够为自己发声、主张自己的立场的孩子。如果你的孩子因为学校发生的某件事感到不满，不管是因为分数感到失落，还是觉得老师有失公平，你都应该鼓励孩子自己直接与老师交流。随着孩子进入初中，他们应该自己负责处理学习和日常中的一些细节。等他们到了高中，孩子的独立性应该更强。

　　初中和高中阶段的交流内容相对复杂，有一定的挑战性。如果你担心孩子不能自己与老师交流，你可以帮他做一些准备。比如，你可以扮演教师的角色，与孩子进行模拟对话。如果你的孩子因为某次作业的评分感到不公，你可以让你的孩子向你说明他那样认为的理由。如果你认为孩子丢分的原因一目了然，你可以指给他看，并向他说明你看到的缺陷。如果孩子听不进去，你该想一想在这种情况下，老师应该持什么样的立场，并按照那个方式措辞。

　　如果你的孩子仍然感到自己被误解了，遭到了不公平的对待，应鼓励孩子做好自我辩护的准备。我告诉过我的学生，我最推崇的能力，是在面对分歧时能够冷静下来，有逻辑地思考整个局面，然后，以平和理智的心态开展对话。发脾气谁都会，但发脾气并不能为自己争取到更多好处，一旦形成对峙，挑起了对方的情绪，对方就更不会满足你的要求。因此，能在情绪高涨的时候自我冷却并理智思考的孩子，才有可能为自己争取到利益。如果我的学生对我提出改分的要求，并且有礼有节、有理有据，我会非常乐意改变我原来的想法，同意改分数。

16. 对事件保持开放的心态

我很相信我的孩子，同时我也知道，真相其实很难拿捏。真相总是躲闪在主观的色彩之间，像个狡猾的小兽。真相因人性的弱点忽隐忽现，也因揣测而面目全非。即便是最诚实可靠的孩子，也同样会因此而模糊了真相。如果你声称自己的孩子没有一点错处，并抱着这样的态度去找老师或者其他家长，你就会在还未开口为孩子申明立场，就让自己失去了可信度。我们都不是事情的亲历者，一切所谓真相都只是听说而已，所以，要保持一种开放的心态，并相信其他人也没有抱着任何成见。

很多家长之所以坚信孩子的话，是因为孩子在家里表现一向很好。而关于孩子在家里的行为表现和在学校的行为表现不一样，我与很多家长探讨过。之后，我清楚地看到，你在家里看到的那个孩子，也许跟在学校里老师和同学看到的那个孩子很不一样。这很正常，也不难理解，朋友、学业压力、老师与学生之间的关系，以及许许多多的其他因素，这些都会影响孩子在某个特定环境下如何呈现自己。当老师告诉你，你的孩子表现出了某种动向，你应该考虑老师的话，而不是质疑排斥，也许老师说的正是实情。总是不假思索地抵制老师的评论，这是一种常见的防范行为，我自己也有过这种情况。这样做，会伤及家长与教师之间的关系，也会延误对孩子施以学业、心理或者医疗帮助的机会。

17. 如果你对某个老师的行为感到不安，就与那个老师交流

我承认，这个世界上不是所有老师都对孩子充满耐心和爱心，他们或许真的会做出伤害你的孩子的行为，不论是出于故意还是无意。即使这样，你也要克制住跳过老师直接去找校长谈的冲动，至少，不要第一次就这样做。如果家长越过老师直接去找校长，以校长的立场，他并不能为你做什么。因为，到底发生了什么争执或分歧，校长并不知情，而校长在处理这类事情时，是要遵循固定程序和原则的。家长与老师预约面谈，早一点比晚一点要好，因为日子久了，在记忆中，整件事情的细节会消退，反感和敌意却会与日俱增，这样，就失去了纠正问题、消除嫌隙的机会。

18. 家长老师会话的最佳时间是预定好的会话时间

表面上看，早上送孩子上学的时候，老师是有时间与你交谈的，但事实并非如此。此时老师在忙于一项项的基本工作：帮学生进入一天的学习状态，在早上第一堂课开始之前，组织好自己的思路。一天中，早上和放学时，看似是老师时间充裕的时候，其实是老师最忙乱的时候。老师需要时间去准备好心态，才能将关注焦点汇聚到家长关于孩子的知情会话上。即便老师提出到大厅或者办公室与你单独谈，也不要这样，重要的家长老师对话，不应该在时间紧迫的情况下仓促进行。作为老师，我本人也有过与家长这样交流的经历，每次都有一些不便或者尴尬。所以，家长最好提前预约时间，与老师交流你认为很重要的事情。

19. 阅读学校的指导手册和惩处政策

如果你不知道学校在规范学生方面有哪些政策，你就很难与孩子讨论学校的处罚和后果。有太多的家长都是在孩子放学后被扣留在学校，或收到劝退通知等严重事情发生后，才意识到学校的有关政策。如果学校的这些规定与你家里的规矩存在一些差别，你就更应该了解清楚了。

另外，如果你对老师对你孩子的惩罚感到愤怒或失望，也不要当着孩子的面辱骂老师。对于孩子来说（尤其是年龄小的孩子），老师和家长在他们的心目中都是权威人物。如果这两个权威人物之间发生争执，会让孩子感到困惑和无所适从。

如果不是因为学校的惩处行为中存在对你孩子的严重误解，如果你的孩子确实冤枉，如果不是因为学校的惩处行为中存在不安全的因素，那么就不要干预学校的行为。也许，学校的规矩与你的规矩之间存在差别，但是你的孩子需要明白，在真实的世界里，人们需要遵守规矩，即便有时孩子们并不认同这个规矩，也要先遵守，再说其他。你的孩子如果违反了学校的规定，他就需要去面对并接受相应的后果，然后从各种不适中恢复过来。

在孩子经历着学校中的种种"危机"时，做家长的在这个过程中也会情绪化，深感痛苦。作为家长的我，也曾经失控，曾经对老师感到失望，也曾经有帮我的孩子还手的冲动。每当那时，我会换个角度，告诉自己，如果我能做到不插手孩子在教室里或游乐场上遇到的困难，我就是在做一个好家长。孩子的路在向前延伸的过程中，注定会更多的困难和挑战，孩子会承受更多的复杂情感和挫败感。孩子现在面对的那些刻薄的老师，将来就会变成刻薄的同事、刻薄的老板或邻居。如果我不让孩子在童年时经历属于童年的伤心和失落，我就是在为他的明天铸造痛苦和忧郁，让他在成年后无法抗衡属于成年的压力和挫折。随着孩子年龄的增长，痛苦的小插曲带来的痛感会更强烈，面对的情况也会更加错综复杂，但到那时，他们已学会了如何足智多谋，如何在逆境中重新崛起。所以，不要营救你的孩子，因为你不能营救他一辈子。让孩子在幼儿园时，就学着在遭到别人的误解或者冤枉时站出来，为自己主张立场，让自己的声音被听到。

20. 支持师生伙伴关系，虽然这样做并不容易

孩子与老师之间形成的师生关系，可能会成为孩子们人生中最重要的关系之一。还没见过有谁在谈起自己的老师时，认为这辈子没有一位老师值得自己回忆。我曾经请别人分享他们与老师之间的美好回忆，说说为什么那些老师对他们来说很有意义。人们的回答源源不断地泉涌而出：

　　说实话，那些要求最严格的老师往往是最好的老师。他们对学生、对教学的兴趣是发自内心的，他们非常热心地帮你解决问题。

　　我六年级的那位老师对语法教学充满热情。她会在白板上用图形分析句子结构时忽然转过身来，充满激情地拍着手吸引我们的注意力。那种对学习的热情感染了我，她是第一个称我为作家的人。

　　彼得斯夫人是我的高中英语老师。她曾经给我的英语测验评分为 F，从那以后，我再也不会忘记为英语课做准备。

　　我最喜欢的老师很关心我，就这么简单。他愿意花时间了解我，所以我也很愿意听他的话。我知道他关心我，所以我愿意克服任何困难去达到他的要求。

　　在孩子的教育经历中，他们会遇到很多老师，有的很棒，有的一般般，还有的不称职，而孩子要学着与所有这些老师相处。如果你的孩子够幸运，会有那么一两位老师令他一生不忘，会成为他的楷模，改变他的人生。而有时候，孩子会被分派给他们并不喜欢的老师；有时候，面对有的老师，孩子不知道如何开口；有的老师会非常苛刻；有的老师不能清晰传达自己对孩子的要求，以至于孩子会不明白，会很困惑。亲爱的家长们，所有这些并不是什么坏事。哪怕是难缠的老师，也能在无形中教会你的孩子如何在今后的人生中与那些苛刻、难相处、不随和的人相处。孩子们将来一定会遇到问题老板、问题同事、问题朋友、问题配偶等，他们从小就要学会如何应对这样的人。

作为家长，我深知眼看着孩子因为一段糟糕的师生关系而痛苦是一件多么不容易的事。当我的孩子陷入苦闷，当我因为老师那个荒诞的规定而感到沮丧和失望时，我的本能冲动就是朝他狂骂两句，然后带着孩子一走了之。但是我明白，我更应该做的是，让孩子学会适应各种环境和各种人群。越早懂得让孩子适应各种版本的规矩，对孩子越有利。

第11章

家庭作业需要家长做吗

孩子不想做作业了，父母要不要代劳

家庭作业，几乎是现代孩子必备的课外餐。不管是哪种形式的作业，不管你觉得作业有没有必要，有一条必须记住：作业是孩子的，不是你的。在孩子小的时候，你要做的是支持、鼓励和引导；等孩子大一点的时候，你要做的，就只是说清楚你对孩子的要求，然后退出他们的世界。

无论哪个阶段，都要告诫自己缩回想要代劳的手，哪怕孩子病了，哪怕他们苦恼，也别替他们做作业。

当然，说起来容易做起来难。如果仅仅是简单的数学复习，或者不是迫在眉睫的作业，我们已许还能做到把自主权交给孩子，让孩子独立完成。但是，当"我就是不想做作业！"和"作业太难了！"这样的抱怨声，一点点演化成刺耳的尖叫和甩手不干的撒娇要赖时，父母很容易做的一件事就是：干脆自己代劳，或者把正确答案直接告诉孩子。因为这样既可以结束孩子的痛苦挣扎，身为父母也可以落得耳根清静。

表面上看来，父母代劳并没有什么坏处，孩子和父母皆大欢喜，如果老师没有识破，甚至还会表扬你的孩子，但负面影响在日积月累。每次你妥协、代劳，将孩子从数学难题的苦海中营救出来，你就是在瓦解孩子的自信和自主感。孩子能自主独立地完成作业，这件事本身就是一种比得分和考试成绩更好的回报，能激发孩子的原动力。今天的数学作业对孩子来说确实很难，语文作文也让他一筹莫展，但在你代劳的那一刻，孩子就有了受挫感，会认为自己能力不足，并使得他们失去了一次体验坚持和努力的机会。

在将来的某一天，孩子也许并不记得那道极难的数学作业题具体是什么，也不会记得那道作文题的内容，但如果当初是他们最终独立完成的，留在孩子内心深处的收获，可以受用一生。孩子会记得自己是如何坚持完成了数学作业，是如何全力以赴得出了科学实验的结论。也许，当孩子拿着自己的错误答案出现在老师和同学面前时，会感到失望、尴尬甚至伤心，这些都没关系，因为这些都会变成他磨炼的机会。身为父母的我们，任务不是让孩子避免失望和尴尬，而是在他感到失望、尴尬、伤心时，同情他，支持他，帮他重新找回失败之前的那份执着和勇气，并且，知道自己需要为明晚的作业准备一个什么样的状态。

下面是一个学生的日记，记录了自己深夜与数学作业"决战"时发生的事情：

有天晚上，我在做一份特别难的数学作业。当我做到最后一题时，心里这么想着："我不做最后这一道证明题，又能怎样？我放弃了又能怎样？我知道我坚持下去肯定能做出这道题，但是要花很长时间，我不想做了。"我这样想来想去，磨蹭了很久。后来，我就收拾好书本，上床睡觉了。结果，几个小时后我醒了，心里仍然放不下那道没能完成的题目。于是，凌晨1点钟我又起床，完成了那道证明题。虽然很累，但心里很踏实，我知道我已经尽了最大努力。好长一段时间以来，我对自己都没像这次感觉这么棒。

虽然这位同学在完成数学作业的过程中很纠结，但在坚持中收获了很多。

要排除的几个需要家长帮忙的因素

当然，如果孩子要花很长的时间完成作业，或者抱怨自己根本完不成，父母既不要代劳，也不要凶巴巴地让他们必须乖乖地坐在桌前。我们要先排除以下几个因素：

听力和视力问题。听力和视力的问题，是孩子理解力下降或在校表现失常的一个原因。

确认孩子是否有充足的睡眠。根据疾病控制中心的资料，学前孩子每天需要 11~13 小时的睡眠，5~10 岁的孩子每天需要 10~11 小时的睡眠，十几岁的青少年每晚的睡眠时间应保持在 8.5~9.25 小时之间。如果睡眠时间达不到上述标准，孩子的注意力、集中力、学习能力、执行能力、可能出现问题。

衡量挑战性。老师布置的作业，是否真的超出了孩子的能力范围，如果是，可以与老师交流。反过来，如果作业过于简单，同样是个问题。研究表明，如果作业过于简单，孩子会精力不集中，不能全身心地投入。只在当任务具有一定挑战性的情况下，那种忘我的体验才会魔幻般地出现。挑战和必要的难度，会激活大脑的"编码"和"检索"。如果学生能够坚持面对挑战，接触困难的封锁，就能精通掌握作业中体现的有关知识。

观察一下孩子是如何做作业的。有的孩子看起来好像在做作业，实际上只是在熬时间——一会儿做做这件事，一会儿又换做那个作业，做做停停，偶尔又会涂鸦乱画——这还是在没有电脑、手机以及其他电子产品分散注意力的情况下。专注力高的孩子一旦开始写作业，就会很投入而且坚持到底。他们会按照清单一项一项地完成，他们的效率是那种磨磨蹭蹭、三心二意的孩子的两三倍。所以，当你发现孩子在家里要花很长的时间写作业时，你先在孩子写作业的时候观察一下，看看他完全投入写作业的时间是多少，瞎鼓捣东西浪费了多少时间。

这里，介绍一种"计时器疗法"。计时器疗法要归功于一位叫戈尔曼·艾莉森的初中数学老师。他发现，完成同样数量的习题，有的孩子在家里要花很长的时间，而在学校的自习课上，因为没有干扰，再加上有时间限制，他们能全部完成并有富余的时间。

针对这样的情况，可以对孩子实施计时器疗法。

计时器疗法的运行流程是这样的：先确定哪个科目占用孩子的作业时间最多，每天花在这个科目上的时间大概是多少。比方说，孩子花在代数上的时间最多，每天大约90分钟。那么，现在告诉孩子，这个时间要减半，每天最多用45分钟的时间处理代数作业。45分钟的时间一到，代数时间结束，必须进行另外一个科目。让孩子看着计时器，这样他会知道时间在流逝，根本不会等他。提醒孩子，要在规定的时间内完成任务，这样孩子才会很好地预算时间。然后，你会发现，很多时候孩子是能按时完成作业的。

排除以上因素，现在就该确定父母什么时候该帮忙和具体怎么帮了。不是说父母不要帮孩子完成作业吗？必须说明的是，代劳和帮忙是有差别的。关键的一点就是，家长要时刻牢记培养孩子的目标，即形成成长型心态，获得自主能力、胜任能力，达到精通掌握和勤奋好学的目的。

家长如何帮助孩子完成家庭作业

一说起帮忙，我们首先想到的是，要为孩子去做些什么。而在这里，我们所说的帮忙则是，陪着孩子，但不要轻易为孩子做些什么。当孩子还小的时候，他们做作业的时候，你只要陪在旁边忙自己的事就好了。也就是说，你人在那里，但不要管他；支持他，但不要介入。

我家经常是小儿子一边在厨房写作业，我一边准备晚餐。这样，在他需要支持鼓励时，或者需要引导时，知道我就在他身边。因为我也在忙自己的事情，所以不会在他犹豫不决或者因挫败而发出抱怨的叹息时，就急着去帮忙。到了儿子九岁多的时候，他已经能分辨自己是真的被难住了，还是只是暂时遇到了点小挑战，所以他懂得何时有必要叫我去帮忙。这时，我不是一直守在他旁边，而是每隔十分钟左右，看看他的作业进展。

重要的一点是，让孩子知道我们也有很多自己的事情要做，而不是每天坐在他们身边等着他们遇到麻烦时及时出手相助。一位妈妈有两个孩子，一个六岁，一个九岁。她跟我说："每天晚上两个孩子做作业的时候，我和丈夫就在旁边守着，随时等着帮他们解决难题。"另外一位爸爸也描述了一个相似的画面，每天晚上，他和妻子都会花很多时间陪八岁和十岁的女儿做作业。这两位家长的做法都是陪在孩子旁边，随时待命，觉得孩子肯定会遇到难题。其实，他们是在鼓励孩子产生一个依赖性的循环。

对孩子怎么完成作业，有些教养书建议让孩子先完成作业，然后奖励孩子"随便玩"；有的教养书则建议让孩子先得到"奖励"，这样他们完成的时候不会因为着急拿到奖励而忽视质量。请允许我提出一个新的想法：父母去问一问自己的孩子，想什么时间、什么地点完成作业。如果每天晚上写作业跟打仗一样，那就问一问孩子："你想怎么完成你的作业？"也许他们早就想跟你聊聊这件事，只是你没有给他们机会。每个孩子都不一样，有的喜欢放学后先跑一跑玩一玩，释放一天积压的能量再做作业；有的喜欢放学后先把作业做完再玩。

　　作家和教养专家维姬·赫夫勒讲述过自己的一段经历。在女儿二年级时，她和丈夫每天晚上督促女儿完成作业都像是一场战役。每次他们让女儿做作业的时候，女儿都说不想做。最后，维姬"灵机一动"：

　　　　第二天吃早饭的时候，我问了女儿一个"奇怪"的问题。

　　　　"如果在一个完美的世界，在完美的一天里，你最想怎样完成你的作业？"

　　　　女儿的回答毫不迟疑，好像一直等着我们问她这个问题似的："我想在早上 4：30 起床，完成作业。我不喜欢晚上做作业，那个时候我的大脑不听使唤。"

　　　　"好吧，"我说，"从下周开始，我和你爸爸不管你写作业的事了，你可以按照自己的计划选择什么时候完成你的作业。但是有一条，每天早上我们必须在 7:15 出门，不能有例外，你能做到吗？"

　　　　她想了大概十秒钟，然后回答说："可以。"

维姬和丈夫本来以为这个计划会失败，但结果并没有。女儿自己定好闹钟，按时起床完成作业。不仅如此，从那以后，她开始习惯了早起，每天都是 4:30 起来写作业，一直到大学都是这样。

孩子按照自己的意愿，计划好写作业的时间和地点，父母就要真的给他们时间和空间去实施，而不要出尔反尔。告诉孩子，你会在附近，但你们会各自做自己的事。如果你过去习惯了手把手帮孩子完成作业，任何改变对你和孩子来说都将是一场挑战。只要你坚持原则，转变的阵痛期终会过去，孩子将会因为这种改变变得更自立自信。

家庭作业的价值

作业的意义在哪里？

研究表明，从家庭作业对孩子有没有用的角度来说，初中以前的作业确实没有什么学术价值，但孩子可以从每晚完成作业的过程中，获得非学术性的效益。比如，培养孩子的启动能力，让孩子学会推迟满足感，孩子能体会到一个任务是怎样从头到尾地被完成的，教会孩子面对挫折和挑战时坚持到底。而这些，都是至关重要的技能。作业就是帮助孩子形成这些特质的必要手段。

虽然研究表明，小学时期作业完成的程度与孩子将来的成功与否没有什么联系，但我认为还是有一个至关重要的好处的：老师可以通过作业的反馈，了解孩子距离精通掌握还差多远。但是，如果家长插手孩子的作业，这个反馈就不准确了。一位初中老师给我讲过一个七年级学生的故事。在这个学生做作业时，家长的"帮助"几乎是时时刻刻，无处不在。结果，那个学生的作业答案虽然正确，却包含了很多高等数学的概念，当他把作业抄写在白板上给大家讲解时，有的概念连他自己也弄不明白。老师经常遗憾地说，她真的不清楚孩子对知识到底掌握到什么程度了。

随着孩子在作业方面更能自我负责，在面对作业中的困难时，也就更能坚持，他们能开始体验到坚持带来的真正回报：自豪和信心。凯·威尔斯·怀曼在她的《打扫房间》一书中，回忆了女儿斯诺普斯小时候的故事。

斯诺普斯五年级时，有一次请我帮她看一篇报告。我情不自禁地越管越多，一开始我还尽量用一些描绘性的语句启

发她，后来觉得那样实在是太浪费时间了。我没有时间等着
她在那儿吞吞吐吐地找出字句来，再说，家里其他的孩子还
在吵着让我关注他们。于是，我不再站在她的身后，不再让
她自己打字（因为那样实在是太慢），不再鼓励她动脑筋选
用词语，改正错误。我直接把她赶到一边，自己占据了计算
机前的位置。我帮她更正每一个语法错误，增添遗漏的细节，
并创造性地增添了引起阅读兴趣的内容。她那篇关于《红墙》
的阅读报告像破茧的蝴蝶一样跃然纸上，已经完全不再是她
之前给我看的那个"毛毛虫"版本。

那天放学回家，女儿的作文上不仅有一个鲜红夺目的97
分（分数的周围还画着代表小宇宙爆发的烟花标志），老师
还写着她为这篇精彩的报告感到骄傲。

然而，斯诺普斯的脸上写着尴尬，而不是骄傲。她知道，
老师夸奖的不是她的作品。

斯诺普斯失去的，不只是没能得到真正的、通过自己努力得
到的真诚赞赏，她还错过了对她有帮助的困难。本来，她可以在
完成写作的过程中，通过克服这些必要的困难，巩固自己先前学

到的知识和技能。

每晚支持孩子自己做作业，代表着你也要支持其中必要的困难。遇到难题的时候，孩子可能会抱怨、发牢骚，甚至气急败坏地说不做了，这时候，他们希望爸爸妈妈会凑过来帮忙，解救他们。在这种情况下，父母千万要抵制住诱惑。心理学家、作家和学校顾问迈克尔·汤普森认为，如果父母支持孩子自己克服困难，那么孩子的各种挣扎表现就更好解决了。"孩子其实只是需要我们认识到，他们在挣扎，在努力，他们只是需要我们的关注。但这并不意味着我们要马上去帮忙，或者冲孩子大喊。当你表示理解了孩子的难处，接下来，你要做的就是支持孩子去发挥自主性。你的支持工作，只须做到把孩子的注意力和努力重新调整到他的作业上。如果他真的解决不了，卡在那里了，你可以启发他换个思路，但你绝不能一脚踏进去，帮他把问题解决掉。"

当然，不是所有困难都那么有所裨益。孩子面对的困难有两种，一种会促进孩子学习，另一种则会抹杀孩子的学习内在动力。这两种困难之间的界限有时很微妙，需要家长认真拿捏。比如，学生第一年学拉丁文，他们还没有能力翻译《埃涅阿斯纪》。如果我们让他们去做这件事，结果不是收获知识，而是带来沮丧和愤怒。身为父母，我们要学会听辨孩子的哪些求助声说明遇到了不可战胜的困难，哪些声音又代表他们遇到的只是暂时的且必须经历的困难。这就跟我们在孩子的幼儿时期，要学会辨别孩子的哪些哭声代表他们真的受到了伤害，哪些哭声只是代表孩子感到失望，需要我们关注一样。当然，分辨其中的差别不是一件容易的事，这种感觉，就像在瞄准一个移动的靶子。孩子的情况本来就千差万别，再加上孩子的能力和需求也在随年龄的发展而变化，所以，父母的角色也应随着不同孩子的自身特点和孩子的发育阶段而变化。辅导一年级的孩子和辅导五年级的孩子，方法不可能是一样的。无论孩子处于什么年龄段，总体的目标是一致的：帮助孩子更加自立，立足于自己不断发展的技能。

最后，孩子完成作业后，记得卡罗尔·德韦克提出的成长型心理模式。表扬孩子为完成作业付出的努力，尤其是在孩子面对令人沮丧的困难时，勇于挑战自己能力的表现。一定要让孩子知道，你看重的，是他的坚持不懈，告诉他坚持的价值，不亚于那个正确答案，甚至比正确答案更重要。利用一切可能的机会，向孩子反复强调一个概念：我们越努力，越能开发我们的大脑，我们就会变得越聪明。

明确的要求和学习的空间

小学时，我们尚且可以适度参与写作业这个过程，而对进入初中和高中的孩子，你就真的该从他们的家庭作业领地中退出来了。

研究表明，大约在进入初中的前后，孩子的家庭作业呈现出越来越多的学术意义。如果计划得当、准备充分，家庭作业不再是一件让人忙碌的任务，高质量的家庭作业能巩固已经在大脑里编码的知识，还能激发孩子将已学知识应用到新的情境中。在这个学习的最后步骤中，孩子们不再是仅仅回忆出正确答案，而是创造出自己的答案，这个过程叫作生成性学习，也叫创造性学习。促进创造性学习的家庭作业，让学生有机会展示自己的技能，并以尝试—错误的模式进行反复试验，然后生成自己的答案。也正因为创造性学习至关重要，所以，它也是异常艰难的。在创造性学习的过程中，汗水和泪水在所难免，家长要有心理准备。创造性学习的正确做法是，走出各种界限，甚至是学科之间的界限，拓展自己的能力边界。它不像小学的家庭作业，只要把恰当的答案工工整整地写在合适的位置上就行，而是一种对于自我的全面挑战。

　　我曾经有机会见识过一场非常混乱的创造性学习过程，那是我为某个中学的第一乐高联盟代表队担任裁判的时候。第一乐高联盟是一个教育机器人项目，在这个项目中，孩子们组成团队，为他们在现实世界中发现的问题创造解决办法。到了孩子们展示的时候，他们为了解决问题，屡试屡败。当他们的模型不能按照预先计划实现功能时，当他们为了变通的方法和最后的临场发挥争论时，我只能在座位上如坐针毡，我只能双手抱头，一言不发。我真担心在第二天的竞赛场上的表现，因为很明显，他们那个模型在现实生活中根本行不通，而他们要面对一组专家的考核。第二天，我收到了一封领队家长发来的邮件，他说孩子们的作品获奖了，并对我给予的支持表示感谢。具体地讲，这一组孩子获得荣誉的原因，是他们面对挑战的方式，因为他们处理问题的态度，体现出了第一乐高联盟的核心价值，即"你发现了什么，比你赢得了什么更重要"。那些孩子的一系列失败，对于他们来说，成了很棒的学习机会。

除非孩子想和家长讨论，或者想参考家长的反馈意见，否则家长绝不要干涉孩子的作业。回想一下你自己的童年，那些你期待上学的日子，原因是你已经认认真真地完成作业，感到自己已经准备好了，内心充满了自信。还记得那样的早上吗，你走在上学的路上，迫切地希望你被点名回答问题，或者把自己的作业展示给大家看，让大家知道你在前一天晚上完成了什么样的壮举。所以，当你成为父母后，在想抢过孩子手中的作业时，想一想自己曾经经历的那些时刻吧，不要剥夺孩子获取成就感的机会。让孩子经历自己的成功和失败，让孩子拥有自己的作品和能力，并因之感到骄傲。你可以在孩子前行的时候给他加油，但绝不能在书桌前坐在他的身旁，握着他的手，那是他自己的旅程，他要自己探索。

第12章

成绩差，我要不要管

别让成绩绑架了你们

去年，一位忐忑而绝望的妈妈玛吉给我发来邮件，请我帮她出主意。她儿子约翰成绩不及格，即将被所在的精英中学开除。而他们家所对应的其他几所学校都很差，她说特别希望自己的儿子能够继续在目前的学校就读。下面是她的邮件内容：

> 我承认，我对孩子是有点过度教养。孩子挑食，我就依
> 着他的口味做饭；孩子忘带午饭，我就给他送到学校去。他
> 的书架上摆满了各种奖杯、数学竞赛奖牌、综合评估测试的
> 完美成绩奖章，其实他从来都没有为这些成绩努力过，甚至

在赢得学校最高荣誉奖的时候也是袖手旁观。现在，这所精英中学让他做的，是他以前从来都不需要做的事。数学和语言艺术是他最强的科目，现在他也一直考不及格。一直以来，我都尽全力为他做一切，就差陪他一起去学校听老师讲课了。我不停地用语言敲打他、催促他，为他祈祷好运。

在面临不及格和退学的风险时，即便是内心最强大的支持自主型的家长，也会掉入管教控制性和独裁性行为的深渊。"我从来都没想到自己会是这样的妈妈，但我现在就是这样。""成绩把我逼得没办法。""每天我心里想的都是孩子的成绩。""我知道那样做不对，很愚蠢，我也知道当我那样执着于成绩时，孩子会对我很生气，但我管不住自己。""我发现，我和孩子聊的也大多是关于分数。"

成绩的可怕之处是什么？一方面，成绩破坏了孩子学习的内在动力。一位高中生写到自己小学和初中因为成绩而沮丧的经历：

> 三年级之前，得分并没有被赋予什么重要意义，那个时候，我可以自由写作，诚实地表达那些让我开心的东西。后来，

量化的数字出现在我的试卷上，它们代表了别人对我的肯定或否定。起初，那些奇怪的数字只是阻碍了我自由写作，后来，我却越来越依赖这些数字。我开始对成绩上瘾，阵阵表扬让我渴望更多优级成绩。我开始不再像小时候那样发乎于心地写作，而当我意识到这一切的时候，我已经习惯了为那鲜红的分数去写作。至于乐趣和创造的兴趣，已经与我没什么关系了。

另一方面，成绩阻碍了父母与孩子之间的关系。每当我们的孩子放学后跨入家门，我们的话题就是成绩和分数："今天的法语考得怎么样？"相信我们每个人都有过这样的经历：当自己拿着不及格分数的试卷回家的时候，我们会因为害怕躲避跟父母交流，甚至为了搪塞父母而撒谎。

成绩和分数是一直堵在大家心口的庞然大物。我们很想把成绩这个堵心的庞然大物清除掉，但我们没有办法逃避一个不幸的现实——这个社会，成绩很重要。身为家长，我们能做到的就是保持理智，如何让孩子的目光绕过成绩这只野兽，看到被它遮挡的更有意义的东西，找到一些方法帮助孩子更好地激发内在动力，促进长期学习。

具体指导方法

1. 把分数和成绩的意义，限定在恰当的视角内

成绩不能衡量孩子的价值，甚至不能准确反映孩子的能力。那么，成绩就没有意义了吗？不是的。在更多时候，分数和成绩衡量的是学生的技能：良好的执行力、适应力、取悦他人的意愿、服从指挥的能力，以及自律的能力。分数虽然在我们的文化中具有举足轻重的意义，但其真正的价值，比不上学习的根本意义。学习，是了解世界乃至整个宇宙的钥匙，是开启人际交流的钥匙，是为我们将来的社会提供创新思想的关键。而分数，是学生进入某个学术机构的敲门砖，是打开少数办公室大门的钥匙。虽然听起来后者更具诱惑力，但是真的希望家长更注重前者的价值，因为这才是能让孩子受益终生的特质。

孩子有时候会对分数和成绩产生误解，是因为父母的影响。家长不要张口闭口就跟孩子提成绩和分数，如果我们可以少一些

对这些事情的关注，孩子就会愿意花更多的时间与父母待在一起。在一次家长会的小组讨论中，家长问在场的孩子"关于如何让孩子开启美好的学习生活，你有什么建议"时，有位学生的回答是：

> 我想说的是，给你的孩子一些空间，不要一直谈分数、成绩一类的事情。在餐桌上或者车里，做他们身边的守候者，与他们聊一聊，但要聊他们想聊的话题。我的家庭每天晚上都一起吃饭，我非常喜欢跟我的家长在一起，与他们聊天，但不是聊关于成绩的事情，我只想聊我的生活，我的世界里发生着什么。如果他们总是想把话题引到成绩和分数上，这会使我想躲开他们，因为他们让我觉得他们在乎的只有成绩和分数。

我觉得这个建议让我备感振奋。就我个人而言，随着儿子们的长大，他们生活中的元素越来越丰富多彩，有朋友，有科技活动，以及其他许多东西，我必须与这些东西竞争，以获取儿子的关注和与儿子谈话的机会。如果只要不聊成绩，就能争取到更多与儿子相处的机会，我愿意加入。

2. 强调重点是目标，而不是分数

那么，如何让孩子正确地看待分数呢？

父母要帮助孩子获得对教育的主动权，把分数的意义限定在适当范围内，把家庭关注的焦点从成绩单转移到孩子自己设定的目标上来。孩子对自己设定的目标有一种主权感，这样的目标对于衡量成功与否也更有意义，如果最终真的达到了这样的目标，就能给孩子带来更大的胜任感。取得高分，尤其是当孩子经过非常的努力取得高分时，他们的心情会非常好，但这种幸福和兴奋的感觉是暂时的，达到自己设定的目标带来的那种满足和自我认可，其力量会远远超过全 A 成绩单所提供的那种欣喜。

目标是激励孩子，让他们对学习保持投入的好办法，前提是这个目标属于你的孩子，而不是其他任何人。不管那个目标多小，在你看来多么荒谬，只要是孩子的目标，你就必须表示尊重和支持。即使是非学习类的目标、看起来很无聊的目标，也同样重要。因为，让孩子自己设定目标的意义，并不在于目标本身，而在于鼓励他们拥有说出自己雄心的勇气，拥有精心浇灌这个美好的愿望、看着它开花结果的决心。只要我们能够与孩子谈一谈他们在一定时期内取得的成就，就会让孩子明白，我们是多么尊重他们的需求

和追求。

当孩子设定目标时，记得不要插手。当你意识到自己抢占了孩子的工作，或者发现自己的建议太多时，赶紧先"失陪"一下，去另一间屋子，深呼吸，冷静下来，提醒自己：让孩子自己去主导个人目标，这是一条通向孩子内在动力的路。

等你的情绪平复下来后，不要忘了表扬孩子的努力、勤奋和坚持。比如你可以说："这一周你很有条理，把自己的试卷都收拾得很整齐，真为你感到骄傲。我知道那是一件很麻烦的事情，但是你真的做到了坚持。"而我在家里常说的话就是："你为了达到保持房间整洁的目标，非常努力，这让我很感动。"或者"在一张整洁的桌子上画画，那种感觉一定很棒。"

3. 寻求反馈而不是分数

虽然分数大行其道，虽然这让分数占据了比学习更为重要的位置，但现在学校使用的报告卡上，有一项内容对家长的帮助意义远大于分数，那就是老师对学生表现的叙述性评论和反馈意见。研究发现，这种评语和反馈比成绩更能推动孩子在学习中进行自我激励，能更好地促进孩子取得成功。小学老师在评语和反馈这方面，做得更好一些。随着年级的升高，成绩的地位也取代了教师评语，成为主要的评价途径，这样到头来吃亏的是学生和家长。针对一篇论文的初稿，老师的评语如果是"你这篇论文的想法和论点阐述做得都很好，但是你的文章主体部分并没有对主题部分提出的问题进行阐释"，学生接收到的信息既包含了积极的肯定，也包含了不足之处，同时学生还得到了如何改进的建议和指导。这样，信息性反馈就像表扬孩子努力一样，能够提升孩子的内在动力、对学习任务的激情，以及在今后测试中的表现能力。

因为分数并不能向家长和学生传达学生已经掌握的任何具体能力（或者用教育术语说，能力素质），许多学校开始启用被称为"标准年级"的学生评价方法，摒弃了那种分数点式的评分系统。在标准年级评价系统中，学校会规定学生在一年该学到哪些技能，具备哪些素质，并对学生对具体技能的掌握情况进行评价。仅仅一个 B 也许不能说明什么问题，但标准年级体系让学生和家长知道细节。它包含了一些具体的有用信息，了解这些信息，我们就能确定学生在掌握年级规定的具体技能方面的进步情况。

如果你的孩子所在的学校，还只是利用分数对学习进行总结性的评价，你就要在家长会上向老师寻求更多的信息反馈，并把这个信息告诉孩子。一定要做到既欢迎表扬，也分享批评，因为批评中蕴含了关于孩子评价的有用信息。让老师知道，你的家庭把有建设性的反馈信息看得比成绩更重要。

4. 选课——让孩子掌握自己的方向盘

给孩子自主权，让孩子掌握自己的教育的另一个机会，就是选课，这往往是在初中或者高中一开始的时候出现的。只要孩子对所学课程有了选择权，家长就要记住，选课是孩子的事，不是你的。当孩子面对选课表坐下来，把语言、音乐和数学作为首选课程时，他开始在头脑中形成对自己的期待和目标。选择是建立自制力最重要的方面之一，如果孩子在对于什么时间上什么课、跟哪个老师上课等问题上有了话语权，他们对教育的有用感会更强烈。

是的，我知道你想让孩子进入名牌大学，孩子的辅导员也特别强调，所修课程要达到某种特定的平衡，目的是让大学的招生人员眼前一亮。但是，让孩子拥有自己的教育选择权，会造就一个对学习有激情的孩子，一个为了达到自己的目标而付诸全力的孩子。而剥夺孩子的选择权，会造就一个精神上脱离教育、对学习心不在焉的孩子，孩子感觉那个教育的路径不属于自己。这两种结果，你更喜欢哪一种？第一种情况下，孩子在学校的表现会更好，在教育经历中的幸福感会更强烈，更有可能达到自己设立的目标。你可以培养一个完全听你摆布的孩子，或者你可以成就一个有自制力、有内在动力的孩子。二者你只能选其一。

在你看着孩子朝着他们自己的目标迈进的过程中，一定要让孩子听明白你对成功的解释：成功的内涵，包括面临困难时勇于坚持。如果可以选择，我宁愿教那种在教育中勇于冒险的孩子。而那些害怕失败的孩子，所产出的作品往往没有任何创意，枯燥平庸。我经常鼓励我的那些学生去冒险，在思维上跳出常规路线，在完成自己的学业任务时，就像没有被评分的紧箍咒一样。

5. 为冰箱换一种装饰

在你和你的家人把关注点从分数和成绩上转移到目标和学习上的过程中，尽量做到不把成绩报告单奉为衡量成败的终极要义。也许你难以抗拒把全 A 的成绩单张贴在冰箱上的诱惑，但是这样做会传达给孩子一个错误的信息，让他以为你爱的对象是他的成绩，而不是他。如果你不准备把那些"坏的"成绩单、论文、试卷也张贴在冰箱上，你又打算对它们做何处置？当你对着高分惊呼"天哪，你真是太聪明了，我真为你感到自豪"，而对着 C 类的成绩眉头紧锁时，你的意思孩子已经非常明白了。对于那些成绩单，更好的做法是：当孩子取得高分时，与孩子讨论一下在某个任务或课程中哪里进行得比较顺利；他在准备法语考试时，什么方法对他有用，什么方法对他没用。当孩子得了低分时，问一问孩子下一次换一种什么样的方法也许能更好一些，讨论一下成功的策略，再讨论一下那些失败的方法，看看问题出在哪里。成绩应该是衡量进步的刻度，而不是终极目标，所以给它们应有的重视就够了，勿要过度，更不要把它们弄成冰箱贴一样贴在明面。

6. 小心查分软件门户

学校都会安装各种查分软件供教师使用，而现在，很多学校开始考虑是否向家长提供每周 7 天、每天 24 小时的访问权限，让家长核查孩子的分数和出勤记录。如果你的孩子所在学校提供这样的家长登录权限，你先别兴冲冲地输入用户名和密码，而是要在登录前，仔细考虑这样的登录权限，会在你的家庭中起到什么样的作用。我在不同学校使用过这类软件的不同版本，从对教师的有用性来讲，我是这类软件的忠实粉丝。但是，对于家长登录门户，我并不赞成。我与许多老师交流过这方面的问题，大家都感觉这种登录已经取代了真正的对话交谈，同时，也会助长学生的依赖性和家长的过度参与。

如今，教师要将信息及时通知学生和家长，这种要求越来越高。从发布学期任务包，到通过电话、邮箱更新任务，再到每隔几天发布成绩和分数等，这些做法降低了对学生自制能力的需求，相反，它们鼓励了对"第三方"的依赖。家长和学生都靠软件去通知该做什么。

当我拿到那封写有我大儿子学校的 Power School 登录 ID 和密码的信时，我们已经知道该如何处理了。那封信没有打开，我原封不动地交给我儿子，同时他向我递交了这样一个庄重的承诺：他将口头向我传达关于学习的情况，如果在学习和校园生活中遇到了问题，我们不会是最后知道的那一个。我们决定将与儿子进行实际对话，作为了解他在学校情况的默认方法。而针对这样的举动，我的许多朋友感到震惊，他们甚至被吓到了，好像我们在推卸身为家长的职责。

尽管有舆论压力，我却依然不赞同这样的看法。检查孩子的成绩，是一种监视行为，是控制的一种形式。我在研究中经常提到这种行为，并将之视为培养孩子自制、激发内在动力的大敌，这一理由足以让我拒绝登录查分系统。当然，理由不止这一条。在不提前征得孩子同意的情况下，检查孩子的分数，是一种不信任的行为，让人很不舒服。

如果你没有足够的心理准备，不敢放弃登录孩子学校账户的权利，还有其他的处理办法。一些家长登录查分门户时，有严格的条件，而且他们会提前跟孩子谈好这些条件和细则，比如，家长在登录前可以先告诉孩子："我今天打算登录学校账户，你有什么要提前对我说的吗？"或者"我更希望可以从你那里获得有关学习成绩的信息，但下周有期中汇报，我会检查，所以我也建议你先自己登录看看。如果发现了什么，那就对我说。"这样，你的孩子自己对信息也有掌握，而且，他们会学着如何开启一段艰难的对话，如果有必要的话。

如果你决定放弃登录查分门户，你也需要提前通知孩子的老师，向老师说明你让孩子自己负责传达信息的决定。如果我知道某个学生将自行负责与家长交流学习情况，我就会在学生出现偏差或者成绩下滑时，及时与家长联络，为孩子和家长之间的有效全面沟通保驾护航。而且，如果老师不知道家长不登录软件门户，老师就不会从老师的角度鼓励孩子去和家长进行交流。

7. 要向孩子强调，失败意味着机会

当我的学生向我坦白，说他们害怕失败怕得要死，我很同情他们。

他们当然害怕失败，很多学生都这样。他们被告知，失败意味着大学、工作乃至幸福的所有梦想的破碎。对于如今大学录取中存在的风险，我也有绝对清醒的认识。但是，在孩子教育的早期，抓住机会激发孩子的内在动力，让孩子因为想学才学习，这其中的重大收益，要远远超过几次低分带来的损失。实际上，偶尔的低分是必要的，是有益于孩子的"功课"的。但是，孩子对失败的反应和自我调整的方式不同，失败带来的结果也会有天壤之别：可能是压碎灵魂的绝望，也可能是游戏升级的动力。在我读过的所有关于成功人士失败经历的采访、逸事和研究中，都揭示了这样一个道理：那些从人海中浮现出来的成功者，是那种不把失败的经历与自己等同、能直面失败并在错误中寻求经验的人；而那些将自己的失败等同于失败的自己、否认失败或因失败而责备他

人的人，不仅注定会不断地犯错，而且会在犯错的经历中一无所获。《最优秀的大学生做什么》的作者肯贝恩，把那种将事情失败视作自己失败的人，定义为带有"偶然性自我价值"的人。

> 如果你有偶然性自我价值感，即你对自己的看法取决于在某个领域中与他人相比较，并由比较判断自己算是成功还是失败，你也许会停止努力和尝试。在潜意识里，你会认定，避免失败的最好办法就是不参加游戏。

教导你的孩子去面对失败，接受它，将其视作有价值的反馈。让孩子看到你冒险尝试和失败的过程，讲一讲你的失败经历，那些失败的机会是如何成就一个更好的你的。《适应：为什么成功总是始于失败》的作者蒂姆·哈福德将这一方法概括得简单明了："对于从失败中生出解决方法这一过程，生物学家有个专门的词语——进化。"从这个角度看，对失败的适当反应，不应该否认失败的存在，也不应杀掉通报失败的信使，而应该选择去进化。

还记得那位担心孩子会被从精英学校开除的玛吉吗？在我告诉她要和孩子正视失败的意义后的三个月，玛吉给我发了一封邮件，感谢我提出的建议，并向我汇报了约翰进步的好消息。按照她和约翰的约定，玛吉停止唠叨和干涉，把驾驭教育的缰绳交给了约翰。她所做的唯一的事，就是说服了约翰的学校，给约翰一个学期的观察期。结果如何呢？玛吉向后退的同时，约翰实现了上前一步。玛吉写道：

> 我觉得约翰真的需要这样糟糕的一年。这样他才能明白如何学习，自己的事情自己做，而不是习惯性地等着别人为他准备好一切。他现在甚至不需要我的提示，尽管我早就准备好那样做了。他做一切都是那么主动，这一年，他终于走在了正确的道路上。
>
> 我很高兴他在这么早就有这样一年"失败"的经历，这要比迟来的失败更好。在我们的人生中，面对失败是免不了的。我认为，现在约翰明白自己能做什么了。
>
> 到目前为止，一切都好！

好消息不限于此，那一学年结束时，约翰逆袭成功，并荣获了"进步最快学生奖"。并且，约翰继续以他十足的干劲和非凡的决心，令老师们对他印象深刻。从本质上讲，约翰的奋斗并不是围绕着成绩。没错，那些不及格的成绩的确促成了他的转变，但是那些不及格的成绩只是约翰不能对自己的学习负责所产生的副产品之一。既然玛吉已经同意后退，她就不再是约翰的闹钟、厨师、司机、辅导老师、日程管理秘书等，她只是妈妈。这样，约翰自然就承担了自己该承担的，并拥有了自己该拥有的能力，包括胜任能力、兴趣、内在动力等。

像大多数孩子一样，约翰是从家长那里阅读出各种暗示的。你对自制力和学分的态度会投射给孩子，哪怕你以为自己表现得并不明显，但孩子还是能一眼看穿，就这么简单。说起来，家长何必担心孩子不明白成绩的现实作用呢？孩子每天都浸泡在与同学之间的学习竞争中，他们完全清楚学习成绩和优等生名单与大学之间的利害关系。所以，家长在孩子的生活中，不要再做那个为学习压力和不安全感煽风点火的人了。我更愿意做我的孩子喜欢的交流对象，在餐桌旁，我们可以聊数学课后发生在他同学身上的搞笑事，聊他下周末想去看的电影，聊希望和梦想。我们可以与孩子共度的时光其实很少，我们不妨享受这段时光。

关于高中阶段的失败中所蕴含的价值，我的观点来自一位资深的高中老师，这位老师已经见过无数次"尝试—失败—再尝试"的过程。

　　学生会恢复过来。人都是这样的，失败能帮助人们了解自己。首先，他们知道大家都希望他们没事。其次，他们知道自己有克服问题的能力，那个克服的过程比天才更重要、比完美更重要。学生们需要失败，因为失败的时候，就是他们学习如何成功的时候。

后记

　　至此，我想你已经学会了如何以放手的姿态去爱我们的孩子，以不管教的方式去实现最好的管教。

　　在未来的路上，孩子会收获自信，也会遭遇失败。无论他们即将经历什么，都是他们成人前必需的磨炼。我们可以用心祝愿，深情凝望，给予他们由衷的安慰与鼓励，但也仅限于此。

　　孩子迟早要自己学会成长，要么是在儿时的一次次失败中学会这一点，要么是在成年后的一回回碰壁中明白这件事。我们越是能早一些放弃过度的管教，孩子就越是能早一天学会自己掌控人生，并形成重要的内在动力。

　　现在，是时候退后一步，把孩子的人生交给孩子自己了。